Mi diario de identidad

Mi diario de identidad

Yo Soy Yo

Laia Pastor Pié
Reyes Rodríguez Vázquez

Título: *Mi diario de identidad*
Autoras: Reyes Rodríguez Vázquez, Laia Pastor Pié.
Equipo BioTikún
biotikun@gmail.com

Edición y maquetación: 2020, Romeo Ediciones
Diseño de la cubierta: 2020, Romeo Ediciones
Diseño de ilsutraciones: Ivet Macias Bugarin

Primera edición: junio de 2020
ISBN-13: 978-84-18213-93-9

Este diario está dedicado a todos vosotros. Almas resistentes, únicas y valientes que de alguna manera u otra habéis coincidido con nosotras a través de la magia de la Causalidad. Gracias por formar parte de nuestro camino.

Puedes seguirnos en las redes:

@Biotikun

Estamos en contacto:

Info.biotikun@gmail.com

WhatsApp: 646 94 69 37

Bienvenido al inicio de tu toma de acción. Tener este cuaderno en tus manos significa que tu inconsciente está preparado para conectar con tu identidad. Después de la lectura de los libros de conciencia *¿Por qué soy como soy?* y *Yo Soy yo,* llega el momento de tomar acción y experimentar un salto evolutivo. Hemos diseñado este cuaderno de trabajo para que emprendas tu salto cuántico. Un salto de nivel de conciencia en tu evolución.

Es una herramienta de crecimiento personal única que te aportará grandes cambios positivos en tu vida.

Escribir te ayuda a reafirmar tu conciencia; consolidar ideas; analizar y revisar tus pensamientos, emociones y acciones para poder identificar lo que quieres cambiar de ti mismo, mejorar y evolucionar. **Empieza por escribir tu nombre en la portada de tu *Diario de identidad.***

Sé constante y crea un hábito de autoobservación y crecimiento emocional para obtener la mejor versión de ti mismo. Solo te llevará entre veinte y treinta minutos al día.

La constancia es la clave del éxito.

Debes marcar un compromiso contigo mismo. Permitirte reconocer tus virtudes y tus errores, detrás de ellos siempre se esconde una emoción que proviene de una raíz, y esa raíz es la que fomenta tu *Yo.*

Con este cuaderno desarrollarás rutinas para vivir con plenitud, lo primero que tienes que hacer es querer cambiar.

Cambia tu actitud mental y entrénala. Piensa con claridad para vivir de la mejor manera y poder activar la capacidad de autocontrol que te permita cambiar tu *Yo falso* a tu *Yo real*.

Tu calidad de vida depende de ti.

Este cuaderno te ayudará a descubrir todo aquello que está fuera de tu control; reconocer cómo reaccionas emocionalmente y poder modificarlo; encontrar, analizar y sanar las causas de tus emociones negativas; y obtener paz y felicidad real permanente.

Debes concentrarte aquí y ahora, combatir lo que te puede crear caos interno y crear un orden mental. Actúa con determinación y disciplina y reflexiona lo que es importante para ti.

Haz tres respiraciones profundas cerrando los ojos y conecta contigo. Ahora visualiza las palabras:

YO SOY YO.

¡Vamos a ello!

INTRODUCCIÓN A LA ACCIÓN

Carta a mi identidad

Escribe aquí tu carta de identidad. Refleja quién eres, aquí y ahora. Reconócete. Reflexiona sobre ti mismo y apunta tus debilidades, tus fortalezas, lo que te gustaría cambiar. Todo aquello que ahora mismo sientes.

¿Quién soy yo?

Nombre ____

Fecha de nacimiento ______________

Yo soy...

____

____

____

____

____

____

____

____

____

____

____

____

____

____

____

____

____

____

____

____

____

____

____

____

____

____

____

____

____

¿Cuánto me quiero? (Pinta los corazones, cuantos más pintes significará que te quieres más).

Test Cromático

Tómate un tiempo de desconexión. Aprovecha para dejar la mente en blanco y parar tu diálogo interno. Deja de lado lo ocurrido durante el día de hoy, tus preocupaciones y tus inquietudes. Céntrate en el aquí y el ahora. Observa el siguiente dibujo. Conecta contigo mismo y siente qué te transmite, cómo reacciona tu cuerpo, qué emociones florecen en tu interior.

Ahora píntalo como sientas, sin pensar. Sólo déjate fluir y disfruta de este momento. Si quieres puedes ponerte música, incienso... haz de este instante tu momento de desconexión y disfrute, encontrando la paz interior.

Cuando termines, puedes analizar tu dibujo con la Tabla cromática que encontrarás en el anexo. Los colores que predominan en tu dibujo marcan una tendencia emocional inconsciente del momento presente.

Test Junguiano

Te proponemos realizar el test de Jung para que identifiques modelos y patrones de comportamiento personales, y así ser consciente de tus fortalezas y observar lo que puedes potenciar y aportarte a ti mismo y a tu alrededor. El test revelará tu arquetipo escondido.

¿Quieres saber qué arquetipo te corresponde?

¡Vamos a ello!

Señala la respuesta correcta:

1. **Con cuál de estas palabras te identificas más...**

   a. Independiente

   b. Pacífico

   c. Disciplinado

   d. Divertido

2. **Los temas más comunes en tus conversaciones son:**

   a. Poder, influencia, control.

   b. Anécdotas, historias familiares, amistad.

   c. Estadísticas, aspectos técnicos, tecnología, detalles y curiosidades.

   d. De ocio, actividades amenas, lo que serás en el futuro, las cosas que sabes hacer.

3. Cuando entablas una relación interpersonal tu comunicación tiene un estilo:

a. Directo, concreto y orientado hacia el control. Las cosas son blancas o negras.

b. Agradable, muy explicativo y cuidadoso, orientado a no dañar al otro.

c. Concreto y especializado, cuidadoso con el estilo y con la fiabilidad de la información.

d. A veces vago, original, ocurrente. Orientado a ser el centro de atención.

4. Te caracterizas por ser una persona:

a. Erguida, rápida y tensa, a veces rígida corporalmente.

b. Movimientos lentos y poca gesticulación, el cuerpo protege a la persona.

c. Controlas tus movimientos, quieres que sean perfectos y equilibrados. Extrema rigidez.

d. Mucho movimiento, gesticulaciones y expresión facial abundante.

5. Con cuál de estas descripciones te identificas más:

a. Osado, tomas riesgos basándote en instintos e impulsos.

b. Comprensivo, entiendes los problemas de los demás.

c. Perfeccionista, todo tiene que estar en su lugar.

d. Simpático, te invitan a fiestas y reuniones.

6. En actividades cotidianas te caracterizas por:

a. Ser ansioso, muy rápido, poco ordenado y te aburres con facilidad.

b. Tranquilo, te gustan los momentos de contemplación o conversación con amigos.

c. Ser más bien metódico, calmado y muy ordenado.

d. Quererlo todo a la vez.

7. ¿Qué actitud asumes frente a los errores de los otros?

a. Poco tolerante, acusas inmediatamente. Los hechos son los hechos.

b. Corriges evitando hacer sentir mal al resto, te involucras aunque tengas que hacer sacrificios.

c. Corriges, sufres mucho, piensas que es falta de precisión.

d. Frecuentemente haces caso omiso y tomas en cuenta a la persona y su esfuerzo personal.

8. De tu participación en un grupo, por lo general te interesa obtener:

a. Influencia, contactos importantes. Hay objetivos detrás de las cosas que haces.

b. Amistad y sinceridad.

c. Conocimiento y sabiduría. Una conversación intelectual.

d. Ser conocido, reconocimiento a tus méritos.

9. En tu casa o en la oficina eres:

a. Organizado, rápido, no te gusta perder el tiempo.

b. Poco ordenado, creativo, te gusta pasar de un tema a otro cuando deja de ser novedoso.

c. Eres extremadamente metódico, ordenado, detallista y cuidadoso.

d. Poco ordenado, aunque puedes mejorarlo, siempre serás despreocupado.

10. Tu energía en la vida la orientas fundamentalmente a...

a. Lograr tus metas, lo que te has propuesto, alcanzar el poder.

b. En ser feliz, aceptado y querido.

c. En lograr tus metas principalmente en el campo del conocimiento y perfección.

d. Tener más, disfrutar más, lograr ser reconocido y admirado.

Una vez realizado el test, escribe aquí el resultado:

Total de respuestas A: ______

Total de respuestas B: ______

Total de respuestas C: ______

Total de respuestas D: ______

La letra de la cual obtengas más resultados será tu solución al ejercicio.

Si la mayoría de respuestas son A: guerrero

El arquetipo del *guerrero* muestra una persona con una coraza emocional, que no comparte su corazón con todo el mundo. Su necesidad y prioridad es tener control y certeza. En su interior puede tener miedo a perder el control. Es el caballero que sale a la batalla para ganar. Es práctico y rápido. Puede molestarse si los demás no siguen su ritmo. El guerrero aprecia mucho las oportunidades. Le apasionan los retos y destacar en sus acciones.

Si la mayoría de respuestas son B: amante

El arquetipo del *amante* se enfoca en el pasado que le permite valorar y conectar con los suyos. Su necesidad más importante a satisfacer es el amor y la conexión. Evitar el conflicto es esencial, lo cual lo convierte en un gran negociador e intermediado. Cuando haces las cosas, es por amor, no por obligación. Tu desafío es potenciar aquellos aspectos más débiles. Está abierto a las relaciones, abre su corazón, lo cual le hace fuerte y vulnerable al mismo tiempo. Fiel, empático y amistoso, se preocupa por el bienestar de los demás.

Si la mayoría de respuestas son C: sabio rey

El arquetipo del *sabio rey* muestra una persona mental, analítica y pausada. Se mueve más por la lógica que por los hechos. Planificador y analizador de situaciones. Cuando toma una decisión es porque está bien meditada y es lo que se debe hacer. Es capaz de observar presente, pasado y futuro. A veces puede no terminar de arrancar y necesita de un empujón externo. Escucha la voz de su conciencia y desarrolla paciencia y cautela.

Si la mayoría de respuestas son D: mago

El arquetipo del *mago* muestra impulsividad y rapidez. Comparte su corazón con los demás. Su necesidad más importante es ser reconocido, ser tomado en cuenta. Tiene muy buena comunicación y sabe ganarse la amistad de los demás. Sabe lograr excelentes resultados a corto plazo. Valora su tiempo para divertirse y vivir experiencias intensas. No le gusta la rutina, las formalidades y los engaños.

EJERCICOS PARA ACTIVAR LOS VEINTIDÓS SENDEROS DE MI IDENTIDAD

Para hacer un trabajo de toma de acción que te lleve a realizar un salto cuántico en tu vida, debes comprometerte de verdad.

Este cambio depende directamente de ti, y sobre todo de tu actitud. Toma esta iniciativa, esta oportunidad que se presenta en tu vida con confianza, entrega, pasión y alegría. No desesperes, hay senderos en los que fluirás más y otros menos. Y es que es normal no llegar a dominarlos todos a la perfección. Pero sí puedes equilibrarlos, trabajarlos o mejorarlos. Recuerda, la perfección no existe, existe lo original.

Los ejercicios de acción que encontrarás seguidamente están pensados para realizar un sendero por día. Seguir unas pautas para que en veintidós días identifiques en ti los primeros cambios. Integrar rutinas que te aportarán paz interior y felicidad real para afrontar tu vida. En cada sendero encontrarás ejercicios que requieren de más que un solo día, estos están marcados con una estrella y los puedes hacer al terminar los veintidós días o irlos poniendo en práctica durante el trabajo de acción.

Los cambios, sin duda, aparecerán en tu vida. Con 22 días puedes introducir una rutina, pero debes ser consciente de que este cambio necesita una continuidad. No abandones este hábito de introspección y tiempo para ti que inicias ahora. Realiza esta tarea de veintidós días más adelante o introduce ejercicios concretos en tu día a día cuando lo sientas. El cambio es una evolución constante.

Integra en ti los cambios. Si no tienes tiempo de realizar un sendero por día, puedes realizar un sedero cada 2 o 3 días. Márcate una pauta clara que puedas seguir sin agobiarte. Poco a poco todo lo que consigas a nivel personal se apreciará en tu entorno.

Aprende a tener una relación nueva con la vida, acéptala, compréndela, quiérela, ámala, y sobretodo, **NUNCA TE OLVIDES DE TI MISMO.**

Para realizar los ejercicios necesitarás una pulsera de los chakras (con los siete minerales, uno de cada chakra), infusión de salvia, un péndulo y rotuladores de colores.

¡Tenlo preparado lo antes posible!

¿Pasamos a la acción?

Tu salto evolutivo empieza...

¡AHORA!

SENDERO 1 – Voluntad

Este sendero pone a prueba tu fuerza de voluntad. Y qué mejor que empezar a trabajarla firmando un contrato de compromiso contigo mismo para lograr realizar tu salto cuántico.

Yo Soy:_______________________________________

Me comprometo a encontrar un momento al día durante veintidós días para conectar con mi alma y experimentar un cambio positivo en mi vida. Porque **yo soy capaz**, **yo soy fuerza de voluntad**. El cambio empieza ahora.

Firma:

Ahora que te has comprometido, vamos a empezar con el primer ejercicio. Este lo encontrarás en cada sendero nada más empezar.

Deja el móvil, la televisión, las distracciones y enciende una vela blanca. Puedes poner un incienso que te guste, (si tienes el libro *Yo soy yo* puedes encontrar el incienso y las infusiones que te pueden ir bien en cada sendero) sino, pon el que te guste más. Puedes poner, también, una música relajante, mantras o sonidos de la naturaleza. Recuerda que es un momento solo para ti, para mimarte, para reconocerte, para encontrarte con todo tu ser.

¡Empezamos!

Pon las manos en tu corazón. Cierra los ojos y respira profundamente tres veces. Mantén la atención en tu cuerpo, en tu respiración, en tu estado actual, y encuentra la respuesta a las siguientes tres preguntas: (responde en dos o tres palabras, puedes ayudarte de la tabla de emociones que hay en el anexo de tu diario. Esto te ayudará a tomar conciencia y aprender lenguaje emocional para poder identificar las emociones y ampliar tu consciencia emocional).

¿Cómo estoy físicamente en este momento?

____

¿Cómo estoy mentalmente en este momento?

____

¿Cómo estoy emocionalmente en este momento?

____

Pinta la imagen que muestra cómo estás hoy en general.

Triste   Alegre   Sentimental   Enfadado   Positivo   Espeso

- Recuerda una situación divertida que hayas vivido. Descríbela:

____

____

____

____

____

____

____

____

____

____

Cierra los ojos y visualízala mientras sonríes. Una visualización alegre puede cambiar tu vibración. Intenta permanecer en la visualización durante cinco minutos.

- Haz una lista con seis cosas que te gustaría realizar en los próximos meses. No te comprometas en más y focaliza tu energía. Aquí lo tendrás presente y, más adelante, cuando vuelvas a leer tu diario, podrás comprobar cómo han evolucionado. Céntrate en cómo y cuándo puedes llevarlas a cabo. Tener claras las ideas te ayudará a automotivarte.

Adquiere un compromiso contigo mismo. Haz un plan de acción. Marca unas pautas diarias que sepas que podrás cumplir y dedícate a estas tareas solo en los horarios pactados. Esto te ayudará a tener constancia.

Tarea y horario:

1-____

2-____

3-____

4-____

5-____

6-____

• **Símbolo de voluntad:** cierra los ojos y concéntrate en todas estas tareas que tienes pendientes. Focalízate en ellas e intenta percibir la fuerza de voluntad que hay en ti necesaria para llevarlas a cabo. Centra tu atención en esta fuerza interior, observa qué forma puede tener, qué color. Seguidamente dibújala en foma de símbolo. Mientras lo haces, no desconectes de estas emociones de voluntad y de fuerza interior.

Dibujo:

Puedes hacerle una foto y llevar siempre el símbolo visible en cualquier lugar para poder conectar con esta fuerza siempre que lo necesites.

☆ • Ponte delante de un espejo y sonríe durante cinco minutos cada día. Obsérvate en este estado y activa la positividad.

• Cada sendero tiene su mantra para activar la vibración energética en tu interior. Escríbelo veintiún veces para interiorizarlo y darle fuerza.

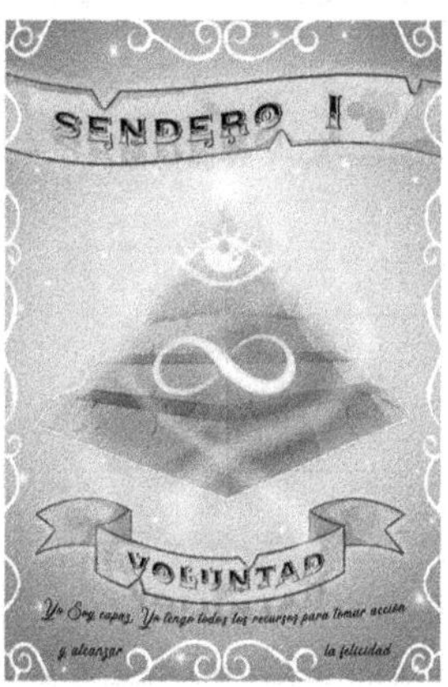

"Yo Soy capaz, yo tengo todos los recursos para tomar acción y alcanzar la felicidad".

1 _______________________________________

____

2 _______________________________________

____

3_______________________________________

____

4 ____

____

5 ____

____

6 ____

____

7 ____

____

8 ____

____

9 ____

____

10 ____

____

11 ____

____

12 ____

____

13 ____

____

14 ____

____

15 ____

____

16 ____

____

17 ____

____

18____

____

19____

____

20____

____

21____

____

Sensaciones libres

Plasma todas aquellas sensaciones o eventos que hayan sido importantes para ti a lo largo de este día. Expresa todo lo que desees. Es tu momento diario de interiorización.

Fecha: _______________

____

____

____

____

____

____

____

____

____

____

____

____

____

____

____

____

____

____

____

SENDERO 2 – Intuición

¿Cómo estoy físicamente en este momento?

¿Cómo estoy mentalmente en este momento?

¿Cómo estoy emocionalmente en este momento?

Pinta la imagen que muestra cómo estás hoy en general

La práctica de la intuición te permite conectar con tu identidad, con tu lado más espiritual y encontrar respuestas. Para establecer esta conexión con tu intuición, el primer paso es controlar tu mente y los pensamientos que hay en ella. Un método perfecto para aprender a desarrollar este sentido es la meditación consciente.

- Ponte cómodo, en un lugar sin distracciones, y realiza la meditación de consciencia emocional "Práctica plena de consciencia emocional", que encontrarás en nuestro canal de Youtube, para empezar a conectar con tu interior. Puedes repetirla siempre que lo sientas.

¿Cómo te sientes después de la meditación?

____

____

____

____

____

____

- **Escritura automática**. Es una habilidad que requiere de tiempo y práctica, está conectada directamente con tu intuición. Cuando la dominas, se abre un canal de transmisión con tu _Yo interno_. Vamos a practicar.

Anota seguidamente una pregunta a la cual no encuentras respuesta.

Mi pregunta:

____

____

____

Pide desde tu interior que lleguen las respuestas. Céntrate en tu respiración y concéntrate. Deja la mente en blanco y, cuando lo sientas, empieza a escribir sin pensar. No te fijes en lo que estás escribiendo. Simplemente escribe. Al final, lee detenidamente lo que has anotado y descifra el mensaje.

La respuesta:

____

____

____

____

____

____

____

____

____

____

____

____

____

____

____

 • **El péndulo físico**. Puedes escuchar tu cuerpo, el cuerpo responde. Utiliza tu cuerpo como si fuera un péndulo. Ponte de pie, con las manos pegadas al cuerpo y los pies muy juntos. Cierra los ojos, respira profundamente, realiza una pregunta y deja que tu cuerpo se manifieste en movimiento. Para testar el balanceo correcto, primero realiza la pregunta con tu nombre "¿Me llamo...?" y observa hacia donde se balancea tu cuerpo. Este será tu sí. Seguidamente puedes realizar la pregunta que quieras.

• Puedes trabajar tu intuición jugando al oráculo "Los senderos de mi identidad" (cartas y libro) que hemos canalizado y diseñado para ti. Una fantástica herramienta para que te diviertas mientras entrenas tu conexión espiritual.

Puedes obtenerlo a través de nuestra web: www.biotikun.com.

Interioriza el mantra:

"Yo Soy luz, sabiduría, conexión en estado puro".

1____

2____

3____

4____

5____

6____

7____

8____

9____

10 _______________________________________
11 _______________________________________
12 _______________________________________
13 _______________________________________
14 _______________________________________
15 _______________________________________
16 _______________________________________
17 _______________________________________
18 _______________________________________
19 _______________________________________
20 _______________________________________
21 _______________________________________

Sensaciones libres

Plasma todas aquellas sensaciones o eventos que hayan sido importantes para ti a lo largo de este día. Expresa todo lo que desees. Es tu momento diario de interiorización.

Fecha: _________________

____
____
____
____
____
____
____
____
____
____
____
____
____
____
____
____
____
____
____
____

SENDERO 3 - Lógica

¿Cómo estoy físicamente en este momento?

¿Cómo estoy mentalmente en este momento?

¿Cómo estoy emocionalmente en este momento?

Pinta la imagen que muestra cómo estás hoy en general

Hoy es un día artístico. Para activar tu capacidad de lógica y de síntesis necesitas dejar la mente en blanco y fomentar la creatividad. Para ello vas a pintar mandalas, pero primero introducirás en tu rutina diaria la práctica de mudras.

Los mudras son posiciones con las manos y dedos y se utilizan para obtener distintos beneficios físicos, mentales y espirituales para restituir el adecuado flujo de energía vital o prana por todo tu organismo. Es el yoga de las manos. En ellas se encuentra una gran concentración de terminaciones nerviosas que, al unir y posicionar los dedos en determinadas formas, crean circuitos energéticos que posibilitan la estimulación del elemento desequilibrado y fomentan la recuperación.

Los mudras se practican con una presión ligera de los dedos hasta sentir un flujo de energía por el cuerpo, mientras que las manos están relajadas.

• **Ushas mudra:** Este mudra llena de energía tu cuerpo y despierta tu creatividad. Este gesto trae cambios internos, nuevos comienzos y buenos sucesos. Despierta el cuerpo y la mente si se practica por la mañana. Aumenta la claridad, equilibra las hormonas, aviva la sexualidad, intensifica el placer y ayuda a equilibrar el segundo chakra, el de la creatividad y la sexualidad. Las manos se juntan con los dedos entrelazados. Para los hombres el pulgar debe estar en la parte superior y, para las mujeres, es el izquierdo el que queda arriba. En ambos casos el pulgar superior debe aplicar una presión suave a su contrario.

Ponte una música relajante y un incienso. Practica este mudra durante cinco minutos.

¿Qué sensaciones te ha transmitido?

____

____

____

____

Después de conectar con el Ushas mudra, puedes seguir tu momento de meditación pintando los siguientes mandalas:

☆ • Realiza manualidades para obtener concentración mental y así no pensar en nada. Aprender a ver las cosas desde otro punto de vista o darle la vuelta a las circunstancias te puede ayudar a salir de una mente bloqueada. También te puede ayudar hacer puzles.

☆ • Busca un momento a lo largo de esta semana y siéntate en algún lugar donde estés cómodo y párate a observar el mundo. Observa desde fuera sin juzgar. Las personas pasar, los sonidos, los pájaros, lo que haya en tu entorno. Siente que formas parte de este momento presente. Activando, de esta forma, la atención plena. Describe aquí lo que has observado, si has podido desconectar de tu juicio interno, y cómo te has sentido al conectar conscientemente con el momento presente.

____

____

____

____

____

____

____

____

____

____

____

____

____

____

Interioriza el mantra:

"Yo Soy la esencia de mi claridad mental".

1____

2____

3____

4____

5____

6____

7____

8____

9____

10____

11____

12____

13____

14____

15____

16____

17____

18____

19____

20____

21____

Sensaciones libres

Plasma todas aquellas sensaciones o eventos que hayan sido importantes para ti a lo largo de este día. Expresa todo lo que desees. Es tu momento diario de interiorización.

Fecha: ________________

____

____

____

____

____

____

____

____

____

____

____

____

____

____

____

____

____

____

____

SENDERO 4 – Disciplina

¿Cómo estoy físicamente en este momento?

____

¿Cómo estoy mentalmente en este momento?

____

¿Cómo estoy emocionalmente en este momento?

____

Pinta la imagen que muestra cómo estás hoy en general

La disciplina interna te ayuda a encontrar un equilibrio, te libera del estrés y de la culpabilidad. Cuando vives con disciplina aportas a tu vida una estructura definida y la tranquilidad de saber que las cosas estarán bien hechas.

• Cierra los ojos y conecta con todo aquello que quieres cambiar, lo que no te satisface o no fluye. Marca unas pautas de trabajo y delega tareas a tu entorno. Escribe al lado de cada tarea lo que puedes hacer tú y lo que puedes delegar para que te ayuden. Y busca quién puede hacer esta tarea.

Tarea	Lo que puedo hacer yo	Lo que puedo delegar

- **Preguntas de introspección:**

Describe la disciplina recibida en casa por parte de tu madre:

____
____
____
____
____
____
____

Describe la disciplina recibida en casa por parte de tu padre:

____
____
____

Describe la disciplina recibida en la escuela:

Describe la disciplina que transmites en tu hogar actual:

La forma en que recibiste disciplina, de una manera u otra, queda grabada en tu interior y, sin querer, transmites la misma manera de llevarla a cabo hacia tus hijos, pareja o amigos. Analiza durante unos minutos tus respuestas. ¿Identificas patrones de repetición heredados de tus padres o tutores? ¿Reconoces algo que deberías o te gustaría cambiar? Escríbelo a continuación:

____

____

____

____

____

Ser consciente de ello es el primer paso, luego, en tu día a día, intenta modificarlos poco a poco.

☆ • En todo momento sé consciente de tus debilidades. Busca maneras de concentrarte y elimina las tentaciones. Establece metas claras y precisas. Ten un plan claro que marque los pasos que debes dar para alcanzar tus metas. Empieza por crear hábitos simples, no te exijas demasiado al primer momento.

☆ • Empieza por poner orden en tu vida. En tu casa, tu espacio más sagrado. Tómate un tiempo para observar cómo están tus armarios, tus estanterías. Y empieza poco a poco. Ordena tu espacio. La energía empezará a fluir (cuando no hay orden, la energía se estanca). Pruébalo y verás cómo la vibración de tu casa cambia, al igual que la tuya personal.

Interioria el mantra:

"Yo Soy carisma, perfección, organización perfecta en mi vida".

1 ____

____

2 ____

____

3 ____

____

4 ____

____

5 ____

____

6 ____

____

7 ____

____

8 ____

____

9 ____

____

10 ____

____

11 ____

____

12 ____

____

13 ____

____

14 ____

____

15 ____

____

16 ____

____

17 ____

____

18 ____

____

19 ____

____

20 ____

____

21 ____

____

Sensaciones libres

Plasma todas aquellas sensaciones o eventos que hayan sido importantes para ti a lo largo de este día.

Fecha: ________________

SENDERO 5 – Alegría

¿Cómo estoy físicamente en este momento?

____

¿Cómo estoy mentalmente en este momento?

____

¿Cómo estoy emocionalmente en este momento?

____

Pinta la imagen que muestra cómo estás hoy en general

Este sendero te conecta con la inocencia de tu niño interior. Los niños mantienen el juego y la diversión en todo momento, disfrutando de las cosas más pequeñas de la vida. Tu niño interior permanece siempre contigo, pero a veces lo dejamos olvidado. Debes tenerlo presente, conectar con él, y despertar este espíritu de ilusión y atención plena que a menudo desaparece.

- Para conectar con tu niño interior, busca una foto tuya de cuando tenías entre tres y ocho años de edad y pégala a continuación.

Mi foto:

Observa la foto y apunta lo que te transmite tu *Yo* de aquella época. ¿Era feliz?, ¿Se sentía querido?, ¿Tenía miedos?

____

____

____

____

____

____

____

____

____

____

____

____

- Busca ilusiones y estímulos en tu vida. ¿Qué es lo que te gustaría hacer? Elabora, aquí y ahora, una lista de cosas placenteras pendientes por hacer. Luego observa la lista y márcate un día para empezar a hacerlas.

1____

2____

3____

4____

5____

- Anota un par de situaciones en las cuales has sentido que estás en conexión con la alegría. Describe la emoción. Tenlo presente y revívelo en los momentos que necesites conectar con ella.

1____

2______________________________________

____

____

____

____

____

____

____

____

____

____

- **Pasa a la acción:** saltar de alegría te ayuda a aliviar el estrés y vaciar la mente de actitudes negativas. Corre, baila, canta, grita, ríe. Haz todo aquello que te ayuda a soltar endorfinas. ¡Empieza ahora! Ponte una canción animada y mueve tu cuerpo, salta, canta, baila, túmbate en el suelo... ¡desinhíbete!

¿Cómo te has sentido?

____

____

____

____

____

____

____

____

Incluye este hábito en tu rutina de vida. Encuentra un momento a la semana en la que puedas soltar tensiones. Unos días necesitarás algo más suave, y otros en que tu cuerpo te pedirá mucha más actividad. Permítete sentir lo que tu cuerpo te pide en cada instante.

 • Seguidamente tienes una lista de cosas que te irán bien para trabajar la alegría:

- Vístete de colores alegres y vivos. Puedes ayudarte de la tabla cromática del anexo.

- Ve a un espectáculo cómico, monólogos...

- No le des tanta importancia a las cosas.

- Rodéate de personas que te hagan sonreír y frecuenta su compañía.

- Olvidarte de los "y si...".

Interioriza el mantra:

"Yo Soy ilusión, pasión y euforia interior".

1______________________________________

2______________________________________

3______________________________________

4______________________________________

5______________________________________

6______________________________________

7______________________________________

8______________________________________

9______________________________________

10_____________________________________

11_____________________________________

12_____________________________________

13_____________________________________

14____

15____

16____

17____

18____

19____

20____

21____

Sensaciones libres

Plasma todas aquellas sensaciones o eventos que hayan sido importantes para ti a lo largo de este día.

Fecha: _________________

SENDERO 6- Libertad

¿Cómo estoy físicamente en este momento?

____

¿Cómo estoy mentalmente en este momento?

____

¿Cómo estoy emocionalmente en este momento?

____

Pinta la imagen que muestra cómo estás hoy en general

• **Piedra plomo:** hoy vas a realizar un "acto psicomágico" durante todo el día. Si ya es tarde, lo puedes realizar durante el día de mañana. Coge varias piedras y en cada una escribe, con un rotulador, algo de lo que quieras desapegarte, ya sea personas, relaciones, hábitos, objetos... reparte las piedras en tus bolsillos o ponlas en una bolsa. Carga con ellas todo el día. Haz consciente ese peso. Al final del día revisa las piedras ¿Cuál crees que pesa más? Describe aquí las sensaciones experimentadas cargando el peso de las piedras a lo largo de todo el día.

Al final del día, coge las piedras y lánzalas al vacío con fuerza, sintiendo como eres cada vez más ligero y alegre. Siente la liberación. Es la liberación del desapego. Desapegarte no significa cortar, sino conseguir que las cosas no generen dependencia. Este ejercicio te ayuda a tomar conciencia de tus dependencias negativas. Apunta aquí tus emociones vividas:

- **Flor de la vida:** pinta el símbolo de la "Flor de la vida". Luego obsérvalo durante cinco minutos. Este símbolo, proveniente de la geometría sagrada, te favorece a activar energías positivas y fomenta en ti la concentración, el equilibrio, la tranquilidad, el agradecimiento y la sanación. Te ayuda a limpiar tu aura. Realiza respiraciones lentas y profundas mientras realizas la observación.

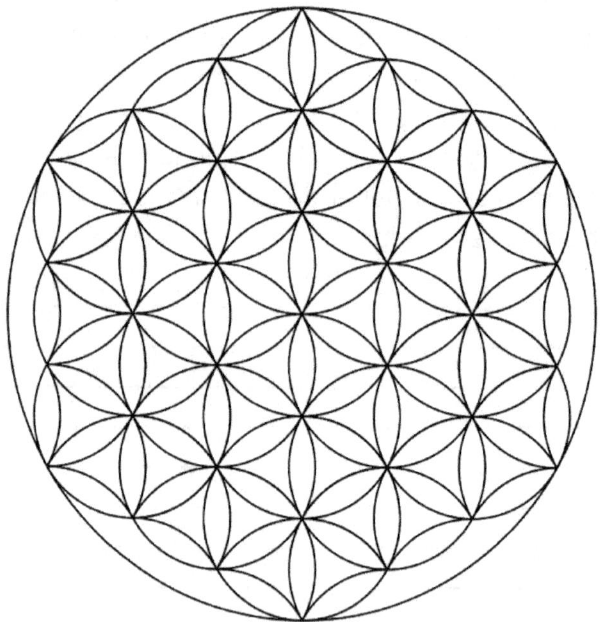

Pasados estos cinco minutos, cierra los ojos y visualízate de pie y el símbolo de la "Flor de la vida" dando vueltas a tu alrededor, envolviendo tu campo áurico. Siente cómo te va armonizando. Describe las emociones transmitidas seguidamente:

____

____

____

____

____

____

____

____

____

____

____

____

- **Renovación**: Deshacerte de ciertos objetos puede ser una tarea algo difícil. La nostalgia, la indecisión, el apego, y el enfoque a una necesidad futura, pueden impedirte esta acción. Proponte y realiza un cambio energético bueno para ti. Identifica todo aquello que no utilizas, que ya no te sirve, lo que guardas "por si acaso". Limpia la casa de los objetos que su recuerdo te produzca malas vibraciones. Tira todo lo que guardas porque sí. Lo que no tenga una buena razón para estar en tu espacio, ya no te sirve. Todo ello solo aporta energía estancada o de baja vibración en el campo energético de tu casa, perjudicándote directamente. Realizando este trabajo, estarás trabajando el desapego.

Interioriza el mantra:

**"Yo Soy la capacidad de decisión y elección.
Amor de creación".**

1_______________________________________

____

2_______________________________________

____

3_______________________________________

____

4_______________________________________

____

5_______________________________________

____

6_______________________________________

____

7_______________________________________

____

8_______________________________________

____

9

10

11

12

13

14

15

16

17

18

19

20

21

Sensaciones libres

Plasma todas aquellas sensaciones o eventos que hayan sido importantes para ti a lo largo de este día.

Fecha: _______________

____

____

____

____

____

____

____

____

____

____

____

____

____

____

____

____

____

____

____

____

____

SENDERO 7 – Responsabilidad

¿Cómo estoy físicamente en este momento?

____

¿Cómo estoy mentalmente en este momento?

____

¿Cómo estoy emocionalmente en este momento?

____

Pinta la imagen que muestra cómo estás hoy en general

Ser responsable de tus actos y de llevarlos a cabo es una tarea que depende de tu compromiso contigo mismo.

Para trabajarlo, te ofrecemos un ejercicio de sanación personal que deberás hacer cada día, de la misma manera que te has comprometido a realizar los ejercicios diarios.

- **El vaso de agua**: escribe en un papel aquellas emociones que quieres sanar, aquello de lo que quieres desprenderte para fluir y sentirte mejor (miedos, reticencias, estados negativos, pensamientos de baja vibración...). Llena con agua ¾ partes de un vaso y colócalo encima del papel. Cada día, por la mañana, vacía el vaso y visualiza cómo se desprenden estas energías que has escrito y vuélvelo a llenar. Por la noche, lo vacías otra vez. Y así sucesivamente hasta terminar los quince días que quedan de tu trabajo de acción.

A veces, cuando la responsabilidad se lleva a un extremo, puede provocarte estrés, insomnio o dolores de cabeza. Te proponemos un mundra para cuando te sientas con estos síntomas:

• **Dharmachakra Mudra:** Significa la "Rueda del Dharma". El gesto que se realiza con las manos representa un flujo continuo de energía y los ciclos del tiempo. La mano izquierda representa el mundo interior y la derecha representa el entorno. El interior y el exterior se acoplan en armonía para que tu energía se mantenga en equilibrio y así encontrar la plenitud y la felicidad. Con este mudra calmas la mente y elevas tu estado superior. Actúa como relajante y activa el pensamiento positivo. Practica el mudra durante cinco minutos. Mientras realizas este mudra, mantén una respiración lenta y profunda.

¿Qué te ha transmitido la meditación con este mudra?

____

____

____

____

____

- **Preguntas de introspección:**

¿Del uno al diez, qué tan responsable eres en tu vida?

____

¿La responsabilidad te produce estrés?

____

¿Te exiges mucho a ti mismo?

____

¿Eres perfeccionista?, ¿cuánto?

____

Busca siempre un equilibrio. Ser responsable y exigente es una virtud siempre y cuando no lo lleves al extremo y te produzca estrés, dolores de cabeza o sensación de agobio.

- Para tomar conciencia de cómo te responsabilizas de tu tiempo, para no llegar a un estrés y encontrar un equilibrio en tu vida, transforma en porcentajes el tiempo empleado, durante una semana, en las siguientes áreas de tu vida:

El tiempo que empleas en trabajo: ______ %

El tiempo que empleas con amistades: _____%

El tiempo que empleas en tu relación amorosa: _____%

El tiempo que empleas con tu familia: _____%

El tiempo que empleas en ocio: _____%

Observa los resultados. Si hay alguna área que se aleja mucho de las otras, intenta, a partir de ahora, equilibrarla disminuyendo o aumentando el tiempo de dedicación. Todas las áreas de tu vida son igual de importantes. Debe haber un flujo energético equilibrado en tu vida.

Interioriza tu mantra

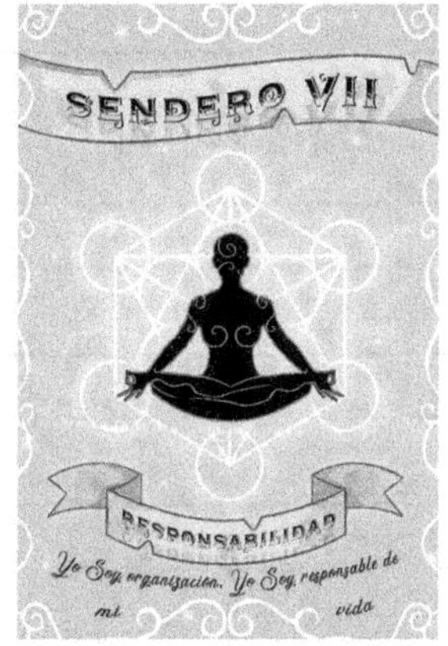

"Yo Soy organización. Yo Soy responsable de mi vida".

1____

____

2____

____

3____

____

4____

____

5____

____

6____

____

7____

____

8____

____

9____

____

10_______________________________________

____

11_______________________________________

____

12_______________________________________

____

13_______________________________________

____

14_______________________________________

____

15_______________________________________

____

16_______________________________________

____

17_______________________________________

____

18_______________________________________

____

19_______________________________________

____

20_______________________________________

____

21_______________________________________

____

Sensaciones libres

Plasma todas aquellas sensaciones o eventos que hayan sido importantes para ti a lo largo de este día.

Fecha: _______________

SENDERO 8 –Equilibrio

¿Cómo estoy físicamente en este momento?

____

¿Cómo estoy mentalmente en este momento?

____

¿Cómo estoy emocionalmente en este momento?

____

Pinta la imagen que muestra cómo estás hoy en general

- **Construye tus propios límites**. No te fijes en los límites de los demás. Céntrate y marca hasta dónde puedes y quieres llegar tú. En una escala del uno al diez ¿dónde sitúas tu "suficiente" y tu "insuficiente"? Cada situación es diferente y tus límites pueden variar. En una situación determinada, tu término máximo (suficiente) puede estar en el 7 y tu término mínimo (insuficiente) en el 3. En otra situación, tus límites pueden ser 10 y 2. ¿Dónde están tus límites? Apúntalos.

Situación	Suficiente	Insuficiente

- Ahora que ya sabes dónde están tus límites, observa qué leyes actúan en ellos. Piensa si el límite que has puesto a una situación concreta lo has puesto situándote desde un extremo de la situación o desde el equilibrio. Si no estás en equilibrio ante una situación, tus límites, que te parecen justos para conseguir una mejora, no ayudan a la situación. Por ello, una vez puestos los límites, cambia el punto de mira y observa la situación desde fuera. ¿Cómo te sientes ante este límite que has puesto a una situación o persona?, y ¿cómo se pueden sentir las otras personas implicadas en este límite? Siempre recalcamos que debemos actuar haciendo el bien para nosotros y para los demás. Entonces ¿crees que puedes ajustar estos límites impuestos? Si debes corregir algún límite de la tabla, hazlo, pero no borres el primero que escribiste.

Una vez analizado todo esto, podrás construir unos límites sanos.

- **Di NO.** Ponte delante de un espejo y practica decirte no. Recuerda una situación en la que no hayas sabido decirlo. Imagina que la persona que ves reflejada en el espejo es la otra persona. Dile todo aquello que querrías haberle dicho. Luego, cuando puedas, intenta transmitir estas palabras a la persona en concreto.

- **Preguntas de introspección:**

¿Crees que sabes poner límites en tu vida?, ¿qué límites pones?

____

____

____

____

____

¿Alguna vez has retenido tus deseos para no herir a los demás? ¿Valió la pena? ¿Cómo te sentiste?

____

____

____

____

____

¿Llevas el control de tu vida o sientes que viajas dejándote fluir por los acontecimientos? ¿Cómo te sientes al respecto?

____

____

____

____

¿Te guías por los consejos y opiniones de los demás o sigues los dictados de tu corazón?

____

____

____

____

____

¿Qué es lo que valoras más de tu vida?

____

____

____

____

____

¿Qué es lo que valoras menos de tu vida?

____

____

____

____

¿Crees que la vida es justa?, ¿por qué?

____

____

____

____

• Emociones en alerta

Todos los días, durante una semana, escoge media hora del día sin distracciones. Siéntate cómodamente y programa una alarma para que suene treinta minutos más tarde. Este momento es para pensar y sentir todo aquello que te preocupa, inquieta y que te cuesta alejar de tu mente. Cuando suene la alarma te levantarás y te pondrás a hacer cualquier otra actividad. Esto te permitirá tener un espacio delimitado al día para preocuparte. Cuando a lo largo del día te percates de alguna emoción, déjala para tu momento pactado. Permitirte sentir emociones negativas y preocupaciones es bueno, siempre y cuando no te ocupen todo el día, incluso toda la noche.

Interioriza el mantra:

"Yo Soy unidad, ley universal, unión de polos opuestos".

1____

____

2____

____

3____

____

4____

____

5____

____

6____

____

7____

____

8____

____

9 ____
____

10 ____
____

11 ____
____

12 ____
____

13 ____
____

14 ____
____

15 ____
____

16 ____
____

17 ____
____

18 ____
____

19 ____
____

20 ____
____

21 ____
____

Sensaciones libres

Plasma todas aquellas sensaciones o eventos que hayan sido importantes para ti a lo largo de este día.

Fecha: _______________

____

____

____

____

____

____

____

____

____

____

____

____

____

____

____

____

____

____

____

____

SENDERO 9 – Introspección

¿Cómo estoy físicamente en este momento?

____

¿Cómo estoy mentalmente en este momento?

____

¿Cómo estoy emocionalmente en este momento?

____

Pinta la imagen que muestra cómo estás hoy en general

Ya llevas dos días realizando el trabajo con el vaso de agua. ¿Qué sientes al vaciar el agua? ¿Has notado alguna mejora? Apunta aquí tus sensaciones.

____
____
____
____
____
____
____

• Preguntas de introspección:

¿Qué cosas que haces o vives te transmiten tristeza?

____

____

____

____

____

Define qué es para ti el concepto "tristeza".

____

____

____

____

____

¿Cuáles crees que son tus defectos?

____

____

____

____

____

¿Cambiarías algo de ti?

____

____

____

____

Ahora observa tus respuestas. Solo tú puedes entrar en acción y cambiar todo lo que desees. Es cuestión de quererlo. Puedes lograr todo aquello que te propongas.

Recuerda que nadie es perfecto. La perfección no existe. Quiérete con tus virtudes y tus carencias. Todo ello forma parte de ti. Acéptalo y reconócete como el ser imperfecto perfecto que eres. Repite el siguiente mantra 21 veces: "Yo Soy tal y como debo ser, me acepto, me amo, Yo Soy Yo".

- **Test de introspección**

Responde las siguientes preguntas:

¿Te pones impaciente cuando tienes que esperar en una fila?

☐ Sí

☐ No

☐ A veces

¿Tratas de ser el mejor en lo que haces?

☐ Sí

☐ No

☐ A veces

¿Te enfadas en la carretera?

☐ Sí

☐ No

☐ A veces

¿Piensas que lo puedes conseguir todo?

- [ ] Sí
- [ ] No
- [ ] A veces

¿Rompes cosas cuando estás enojado?

- [ ] Sí
- [ ] No
- [ ] A veces

¿Te enfadas cuando no te toman en serio?

- [ ] Sí
- [ ] No
- [ ] A veces

¿Te pones agresivo cuando te enfadas?

- [ ] Sí
- [ ] No
- [ ] A veces

¿Te enfadas cuando algo no sale como tú quieres?

- [ ] Sí
- [ ] No
- [ ] A veces

¿Cuando estás enfadado haces cosas de las cuales te arrepientes?

☐ Sí

☐ No

☐ A veces

¿Te cuesta olvidar y perdonar?

☐ Sí

☐ No

☐ A veces

Una vez has respondido todas las preguntas, suma el resultado. Cada "No" es 1 punto. Cada "A veces" son 2 puntos. Cada "Sí" son 3 puntos. Después observa el resultado.

De 0 a 14 puntos:

Eres una persona que asimila las situaciones. Tienes buena adaptabilidad y reaccionas bien a los cambios y las adversidades de la vida. ¡Sigue así!

De 15 a 23 puntos:

Eres una persona que presenta altibajos ante las situaciones. Estados emocionales cambiantes. Unas veces estás arriba y otras a bajo. Debes aprender a controlar tu estado mental y emocional. Trabaja la aceptación, para y respira antes de actuar.

De 24 a 30 puntos:

Eres una persona que estalla ante situaciones que se te desbordan. Debes aprender a calmarte y relajarte para mejorar tu calidad de vida.

Interioriza el mantra:

**"Yo Soy humildad.
Como es adentro, es afuera".**

1 ____

2 ____

3 ____

4 ____

5 ____

6 ____

7 ____

8 ____

9 ____

10____

11____

12____

13____

14____

15____

16____

17____

18____

19____

20____

21____

Sensaciones libres

Plasma todas aquellas sensaciones o eventos que hayan sido importantes para ti a lo largo de este día.

Fecha: _______________________

SENDERO 10 - Prosperidad

¿Cómo estoy físicamente en este momento?

¿Cómo estoy mentalmente en este momento?

¿Cómo estoy emocionalmente en este momento?

Pinta la imagen que muestra cómo estás hoy en general

- Los mantras son de gran ayuda para conectar con el universo. Durante cinco minutos practica una meditación con el mantra "OM MANI PADME HUM". Es el mantra abre caminos para atraer la prosperidad. Recita este mantra mentalmente o en voz baja mientras cierras los ojos y te centras en él y en tu respiración.

- Refleja al universo tu deseo de prosperidad. Escribe aquí tu deseo en forma de afirmación. En tiempo presente y en forma positiva. Dibújalo y pinta lo que sientas mientras te concentras en él.

Mi deseo: _______________________________________

Dibujo:

Observa el dibujo unos minutos mientras experimentas los sentimientos que tendrías al obtener tu deseo. Así afianzas tu deseo desde tu lado emocional. Visualízalo y siéntelo cada noche antes de ir a dormir para potenciarlo.

• Preguntas de introspección:

¿Te sientes merecedor de éxito?, ¿por qué?

____

____

____

____

¿Qué relación ha tenido tu familia con el dinero?

____

____

____

____

¿Ha habido alguien en tu familia que se haya arruinado o haya tenido problemas económicos? ¿Por qué motivo?

____

____

____

____

¿De pequeño, qué oías respecto al dinero y la suerte?

____

____

____

____

¿Te gustaría ganar más dinero?, ¿por qué?

____

____

____

¿Qué representa el dinero para ti?

____

____

____

____

¿Crees que podrías ganar tres veces más de lo que ganas ahora?, ¿por qué?, ¿por qué no?

____

____

____

____

____

____

____

Observa y analiza tus respuestas de introspección. ¿identificas patrones limitantes acerca del dinero y la abundancia reflejados en tu vida? Si es así, márcalos con algún color en las respuestas anteriores y decreta:

"Este patrón no me pertenece, lo transmuto y lo devuelvo al universo, me limpio de patrones heredados que me limitan, para poder avanzar con abundancia y prosperidad."

- "Acto psicomágico" para atraer la prosperidad (ejercicio de Enric Corbera):

Coge un sobre y, en el dorso, escribe: "Universo hazme ganar ("x" cantidad de dinero y durante qué tiempo). En la otra cara del sobre dibuja una estrella con los picos que desees. En cada punta escribe la estrategia que utilizarás para recibir esta cantidad de dinero mensualmente. Mete dentro del sobre unos cuantos billetes, nunca dejes el sobre vacío, no metas monedas. Coge el sobre con tus manos en posición de oración y llévalo a tu corazón mientras pronuncias el siguiente decreto:

"Hecho está, gracias, universo, porque hecho está. Este importe generado te lo pido, lo anhelo desde lo más profundo de mi sentimiento de amor, para mi bienestar y tranquilidad; para cubrir todas mis necesidades; para el bienestar y las obligaciones de las personas que amo y de todos aquellos que deseo ayudar y apoyar."

Todos los días toma tu sobre en tus manos, destápalo y cuenta el dinero. Siéntete abundante y próspero, agradece al universo por tantas bendiciones, gracias, gracias, gracias. Deja el sobre donde puedas verlo diariamente y darle poder con tu mente y tus deseos.

• Señala con una cruz las siguientes frases que has escuchado de tu entorno más próximo o que te dices tú mismo:

☐ El dinero no trae la felicidad.

____

☐ Las cosas no son tan fáciles como parecen.

____

☐ No te quejes, suerte que tienes un trabajo.

____

☐ La vida es dura.

____

☐ El dinero no crece en los árboles.

____

☐ No puedo.

____

☐ No me lo merezco.

____

☐ Soy incapaz de...

____

☐ Todos los hombres son iguales.

____

☐ El cliente siempre tiene la razón.

____

☐ Seré tonto...

____

☐ Piensa mal y acertarás.

☐ Todas las mujeres son manipuladoras.

☐ Los hijos solo dan disgustos.

☐ Tanto ganas, tanto vales.

☐ Las personas van al sol que más calienta.

☐ La gente no tiene ni idea de lo que habla.

☐ La gente es muy falsa.

☐ Esto no es para mí.

☐ No se puede tener todo.

☐ Sin ti la vida no tiene sentido.

☐ No puedo vivir sin ti.

☐ En esta vida me ha tocado conformarme.

☐ Esto es lo que hay.

____

☐ No tienes remedio.

____

☐ Con lo guapa que eres y no te sacas partido.

____

☐ Los niños no lloran.

____

☐ ¿Te has mirado al espejo antes de salir de casa?

____

☐ ¿Dónde va este con estas pintas?

____

Ahora observa todas las frases que has marcado. Son patrones que te inculca la sociedad o tu entorno más próximo y que perjudican tu prosperidad. Lo primero es tomar conciencia de ello y, lo segundo, pasar a la acción y reprogramarlas.

• Trabaja cada una de las frases que has marcado. Observa las frases una por una. Léelas y decreta la siguiente oración *"Este patrón limitante ya no forma parte de mis creenclas".* Luego, escribe justo debajo tu frase de reprogramación.

Ejemplo:

"El dinero no trae la felicidad": El dinero es algo bueno para mí y para los que están a mi alrededor, soy merecedor de abundancia y prosperidad.

Interioriza el mantra:

"Yo Soy creador de mi vida en abundancia".

1____

2____

3____

4____

5____

6____

7____

8____

9____

10____

11____

12____

13____

14____

15_______________________________________

16_______________________________________

17_______________________________________

18_______________________________________

19_______________________________________

20_______________________________________

21_______________________________________

Sensaciones libres

Plasma todas aquellas sensaciones o eventos que hayan sido importantes para ti a lo largo de este día.

Fecha: _________________

____

____

____

____

____

____

____

____

____

____

____

____

____

____

____

____

____

____

____

____

____

SENDERO 11 - Fortaleza

¿Cómo estoy físicamente en este momento?

____

¿Cómo estoy mentalmente en este momento?

____

¿Cómo estoy emocionalmente en este momento?

____

Pinta la imagen que muestra cómo estás hoy en general

¡Felicidades! Estás en la mitad del camino hacia tu salto de conciencia. ¿Cómo vas con tu vaso de agua? ¡No te olvides de vaciarlo y llenarlo mañana y noche! Lo estás haciendo muy bien.

¡Sigue así!

Trabajar tu fuerza interior, es la base para encontrar un sustento y poder afrontar todas las áreas de tu vida. Para ello te proponemos un _mudra_ para activar esta fuerza dónde y cuándo lo necesites.

- **Naga Mudra**: "Naga" significa culebra o serpiente. Es el *mudra* de la comprensión profunda. Simboliza la fuerza sobrenatural, la sabiduría, la perspicacia y la potencia. Practicar este *mudra* te ayuda a desarrollar fuerza física. Brinda claridad a la mente y hace que esta se active. Te da fuerza de aptitud y relajación. Al practicar este *mudra* los hombres pondrán el dedo izquierdo por encima del derecho y las mujeres al revés. Practícalo durante 5 minutos mientras te concentras en tu respiración larga y profunda.

¿Qué te ha transmitido la práctica de este mudra?

____

____

____

____

____

- **Listado de reflexión**: en la primera columna escribe tres elogios que te hayan dicho alguna vez. En la segunda, escribe tres capacidades o fortalezas que tú consideres que posees. En la tercera lista escribe tres cosas que te enorgullezcan de ti mismo.

Una vez tengas el listado, reflexiona sobre ello. Siéntate orgulloso de tus habilidades. Puedes copiarlo y colgarlo en algún lugar que veas constantemente. Puedes escribirlo en el espejo del baño con lápiz labial para verlo constantemente antes de acostarte o al levantarte por la mañana, por ejemplo.

Elogios recibidos	Mis Fortalezas	Me siento orgulloso de:

- **Revivir un problema:** visualiza un problema del pasado, el cual te haya producido dudas, tensión, y malestar, y escríbelo seguidamente.

____
____
____
____
____
____
____
____
____
____
____

- Analiza la situación ¿cómo te afectó?, ¿cómo reaccionaste?

____

____

____

____

- ¿Qué sientes ahora?, ¿cómo revives esta situación?, ¿recuerdas cómo saliste de ese problema?

____

____

____

____

Esto te servirá para volver a confiar en ti. Si en una ocasión resolviste el problema ¿por qué ahora tendría que ser distinto? Recuerda que **todo tiene solución**.

- **Mantras de Fortaleza**: antes de empezar el día puedes repetir los siguientes mantras que te conectarán con la vibración de tu fortaleza interior.

**"Tengo la fuerza necesaria para llevar acabo
mis objetivos".**

"Yo Soy capaz".

"Que hoy sea un buen día depende de mí".

"Yo Puedo".

"El universo conspira para mí".

- **Escucha música que te motive**. La música es una gran herramienta que hace que tu estado vibracional cambie. Aprovecha este magnífico aliado para sentirte bien y ayudar a tu mente a desconectar y parar el diálogo interno.

- **Describe cómo estás ahora mismo.**

____

____

____

____

____

Ahora busca una canción que te guste. Ponte cómodo, cierra los ojos y deja la mente en blanco mientras escuchas la canción. Solo siente la música. Cuando acabe, observa tu cuerpo, tus emociones. ¿Ha cambiado algo en ti? ¿Cómo te sientes? Descríbelo:

____

____

____

____

____

____

____

____

____

____

Interioriza el mantra:

**"Yo Soy poder,
Yo Soy mi guerrero de luz
en acción".**

1____

2____

3____

4____

5____

6____

7____

8____

9 ____

____

10 ____

____

11 ____

____

12 ____

____

13 ____

____

14 ____

____

15 ____

____

16 ____

____

17 ____

____

18 ____

____

19 ____

____

20 ____

____

21 ____

____

Sensaciones libres

Plasma todas aquellas sensaciones o eventos que hayan sido importantes para ti a lo largo de este día.

Fecha: _______________

____

____

____

____

____

____

____

____

____

____

____

____

____

____

____

____

____

____

____

SENDERO 12 – Sacrificio

¿Cómo estoy físicamente en este momento?

____

¿Cómo estoy mentalmente en este momento?

____

¿Cómo estoy emocionalmente en este momento?

____

Pinta la imagen que muestra cómo estás hoy en general

Es el momento de empezar a utilizar los minerales de los chakras. Prepara una infusión de salvia. Coloca la pulsera dentro la infusión y déjala unas horas. Luego guárdala hasta mañana para empezar a trabajar con ella. La salvia actúa como limpieza energética. Los minerales deben limpiarse bien antes de ser utilizados. Con esta infusión estará preparada para ti. Puedes limpiar tu péndulo también, así estará listo para ser utilizado.

- Empieza hoy estos ejercicios, debes llevarlos a cabo durante toda una semana.

-**Comer despacio**. Durante las comidas, deja el teléfono móvil, apaga la televisión e intenta que el momento sea lo más silencioso posible. Presta atención al masticar, come lentamente, saboreando y sin prisas.

-Caminar despacio. Cuando salgas a la calle, camina despacio, observa tu entorno, las personas pasar, los sonidos. Consciente de cada paso que das.

Intenta no desesperarte cuando encuentres un atasco en la carretera.

Pasada una semana, describe aquí lo experimentado. Nosotras te lo recordaremos en su debido momento.

Al comer despacio me he dado cuenta de:

____

____

____

____

____

Al caminar despacio me he dado cuenta de:

____

____

____

____

____

Este sendero también te conecta con tu árbol genealógico. A veces llevamos cargas que no son nuestras, las que pertenecen a nuestros ancestros y limitan nuestra vida. El siguiente ejercicio es para cortar lazos kármicos o patrones heredados genéticamente.

- Pon una vela en un soporte y dibuja un círculo de sal a su alrededor. Enciende la vela.

Cierra los ojos e imagina a todos tus ancestros y descendientes delante de ti. Agradéceles su presencia. Seguidamente decreta la siguiente oración:

"Desde mi amada y divina presencia, Yo Soy, a todos mis guías y seres de luz que me acompañan y a todos mis ancestros y descendientes:

Pido liberar del inconsciente familiar de mi árbol genealógico cualquier desequilibrio, falta de armonía, tema pendiente de sanar, deuda, lealtad o fidelidad limitante y a todo ancestro que haya sufrido. (repetir 3 veces)

A partir de ahora pido purificar e iluminar todo mi árbol genealógico, tanto a los ancestros, que son mis raíces, como los descendientes y yo mismo, que somos sus frutos. (repetir 3 veces)

Que todo mi árbol genealógico sea llevado a la máxima perfección divina y a su bien más elevado. (repetir 3 veces)

Que así sea, así es, hecho está".

- **Preguntas de introspección:**

¿Qué es para ti el sacrificio?

____

____

____

¿Crees que el sacrificio es bueno o malo?, ¿por qué?

____
____
____
____

¿Hay alguna situación en la que sacrificarte te haya producido sensaciones o experiencias buenas? Explícala.

____
____
____
____

¿Hay alguna situación en la que sacrificarte te haya producido sensaciones o experiencias malas? Explícala.

____
____
____
____

¿Crees que vale la pena, a veces, sacrificarte para encontrar una recompensa o prefieres evitar cualquier sacrificio, aunque será por una buena causa?

____
____
____
____

Interioriza el mantra:

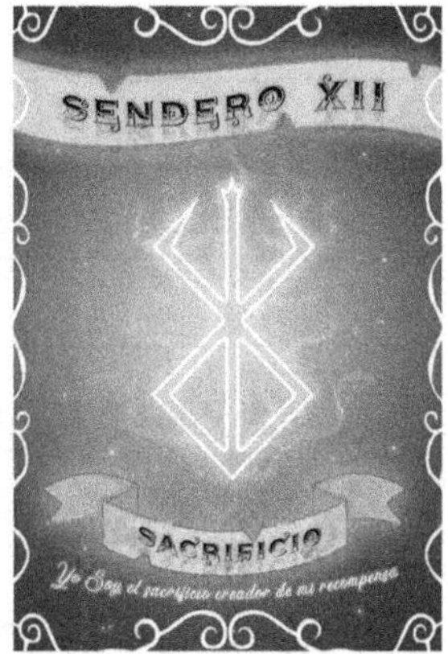

"Yo Soy el sacrificio creador de mi recompensa".

1____

2____

3____

4____

5____

6____

7____

8____

9____

10____

11____

12____

13____

14____

15____

16____

17____

18____

19____

20____

21____

Sensaciones libres

Plasma todas aquellas sensaciones o eventos que hayan sido importantes para ti a lo largo de este día.

Fecha: _________________

SENDERO 13 – Perdón

¿Cómo estoy físicamente en este momento?

____

¿Cómo estoy mentalmente en este momento?

____

¿Cómo estoy emocionalmente en este momento?

____

Pinta la imagen que muestra cómo estás hoy en general

A partir de hoy, hasta que terminen los veintidós días de trabajo, pon la pulsera de los chakras, que ya está limpia y preparada, en un vaso con agua mineral durante toda la noche. Puedes poner las manos encima el vaso y mandar mensajes positivos al agua. Por la mañana, nada más despertarte, bebe el agua. Esta habrá absorbido la vibración energética de los siete minerales. Por la noche, repite la acción. Así sucesivamente hasta terminar el trabajo con los veintidós senderos.

El principal componente de nuestro cuerpo es el agua, de ahí que beber agua sea fundamental para nuestra salud.

Se ha comprobado que el agua tiene memoria y esto explica los beneficios de tomar agua vitalizada con gemas.

Los minerales de los chakras te aportan:

Amatista: favorece el sistema endocrino. Te aporta paz y vitalidad.

Cristal roca: ayuda a las dolencias en general. Te aporta claridad.

Sodalita: favorece el insomnio y los dolores de garganta. Favorece el idealismo y la expresión oral.

Cuarzo verde: equilibra la energía física. Te aporta estabilidad.

Ojo de tigre: calma los nervios. Te aporta motivación y ayuda a desbloquear emociones.

Cornalina: mejora la circulación. Te ayuda a obtener creatividad y te aporta confianza.

Jaspe Rojo: favorece la fuerza de voluntad y el coraje.

En el anexo tienes más combinaciones de minerales para tratar otras afecciones.

- Cuando vas al cine piensas que la película está en la pantalla, sin embargo, no es así. La película que estás viendo está en el proyector y lo que ves no es más que la proyección de la máquina. De la misma manera, la película de tu vida no es más que la proyección de tu mente. Debes interrumpir el fenómeno de proyección y no aceptar como culpable a alguien o algo externo a ti. El primer paso es reconocer que, desde fuera, algo activó una herida emocional en ti y por eso te molesta o te enoja.

¿Hay alguna situación que todavía no has perdonado o que te haya costado perdonar?

____

____

____

____

____

____

____

____

El segundo paso es aceptar que la herida está dentro de ti, no en el exterior. Cuando se detiene este proceso, tu ego te transmite que el culpable eres tú mismo.

¿Qué es para ti la culpa o el sentimiento de culpabilidad?

____

____

____

____

____

____

____

____

¿Te has sentido culpable alguna vez?, ¿qué es lo que te ha transmitido esta emoción?

____

____

____

____

____

No existe la culpa, existe la responsabilidad. Ser responsable y aceptar tu parte de responsabilidad hacia lo ocurrido es lo que te lleva a la sanación y transmutación de los aprendizajes.

El tercer paso consiste en entregar esta culpa al universo. La acción de "perdonar" proviene del pensamiento de tu ego. Crees que eres el "bueno" porque perdonas a los "malos". Cuando se da el verdadero perdón, se siente una gran paz interior. Consiste en aceptar que las otras personas no son culpables de tu enojo. Admitir qué en realidad hay una parte tuya que se enoja por lo que otros hacen. Meditar y pedir al universo que perdone, por ti, aquello que no entiendes o no aceptas. Perdonar lo que hay en ti que ha causado esta emoción negativa.

¿Qué es lo que hay en ti que causó el enojo en la situación que has descrito al principio?, ¿puedes reconocerlo y aceptar tu parte de responsabilidad?

____

____

____

____

____

El siguiente ejercicio conecta el perdón con la alegría y te lleva a terminar el trabajo con tu niño interior que realizaste en el sendero número cinco. Vuelve a observar la fotografía de tu niño interior, conecta con él y dibújalo, seguidamente, en forma de silueta:

Dibuja tu niño interior.

Ahora que ya tienes tu niño interior dibujado, coloca los lápices de colores en la mesa. Cierra los ojos y escoge un color. Con él, pinta los brazos y piernas de tu niño interior. Cierra los ojos de nuevo y escoge otro color. Pinta su cabeza. Vuelve a cerrar los ojos y escoge un último color. Pinta el cuerpo de tu muñeco. Finalmente, analiza tu niño interior con la tabla presente en el anexo donde se explicará el significado de los colores para el mismo.

Interioriza el mantra:

"Yo Soy luz, aceptación y transmutación del perdón".

1____

____

2____

____

3____

____

4____

____

5____

____

6____

____

7____

____

8____

____

9____

10____

11____

12____

13____

14____

15____

16____

17____

18____

19____

20____

21____

Sensaciones libres

Plasma todas aquellas sensaciones o eventos que hayan sido importantes para ti a lo largo de este día.

Fecha: _______________

SENDERO 14 – Adaptación

¿Cómo estoy físicamente en este momento?

____

¿Cómo estoy mentalmente en este momento?

____

¿Cómo estoy emocionalmente en este momento?

____

Pinta la imagen que muestra cómo estás hoy en general

El día a día te lleva a adaptarte a una rutina que a veces no es lo que te gustaría llevar a cabo en tu vida, pero acaba formando parte de ti y, sin querer, identificas tu vida con esta rutina ya inculcada en tu interior. Esta rutina no te deja ver lo que realmente deseas o las posibilidades de poderla cambiar.

- **Ejercicios para activar la respiración consciente**

Túmbate cómodamente. Dobla las rodillas dejando los pies apoyados en el suelo a unos 45 centímetros uno del otro, con las puntas ligeramente hacia fuera. Extiende tu garganta llevando la cabeza hacia atrás sin forzar la posición.

Coloca las manos sobre el vientre para sentir los movimientos abdominales al respirar.

Haz quince respiraciones profundas.

Responde las siguientes preguntas:

¿Se mueve tu pecho en armonía o hay rigidez en la zona?, ¿cómo ha sido tu sensación?

____

____

____

____

¿Has notado tensión en la garganta? Describe tu sensación.

____

____

____

____

- **Ejercicio para una respiración espontánea y fluida.**

  Túmbate en el suelo y levanta las piernas flexionando levemente las rodillas. Dobla los tobillos levantando los talones.

  Mantén la posición dos minutos.

Responde las siguientes preguntas:

¿Sientes tensión o vibración en las piernas? Describe la sensación:

____

____

____

____

Durante el ejercicio es normal que tus piernas empiecen a vibrar y tu respiración cambie. Vuelve a hacer el ejercicio y fíjate en tu respiración y en cómo cambia al finalizar el ejercicio y descansar. Describe aquí la sensación:

____

____

____

____

Ante situaciones tensas o difíciles, el ritmo de tu respiración cambia al igual que el ritmo de tu corazón y de tus pensamientos. Estos ejercicios sirven para conocer tu modo de respirar y cómo controlarlo. La respiración es un elemento clave para el buen funcionamiento de tu estado emocional.

- **Preguntas de introspección:**

¿Qué cosas llevas tiempo queriendo introducir en tu rutina diaria?

____

____

____

¿Qué tipo de experiencias vives en tu rutina actual?, ¿son agradables o poco agradables?

____

____

____

¿Tu rutina actual te alimenta o te consume?

____

¿Cuántas veces al día sonríes? (Apúntalo en tanto por ciento).

_______% al día.

¿Qué cosas de tu rutina diaria te hacen sonreír?

____

____

Teniendo en cuenta que la rutina tiene un potente efecto sobre la evolución, gracias a su poder de repetición, dentro de un año ¿serás más feliz que hoy?

____

¿Tu rutina te conecta contigo o, por lo contrario, te desconecta centrándote solo en tu exterior?

____

¿Tu rutina te ayuda a crecer como persona o, por el contrario, te hace mantenerte siempre igual?

____

¿Cómo habrás crecido interiormente, dentro de un año, gracias a tu rutina?, ¿habrás evolucionado?

____

____

____

____

____

____

Integra en ti estas respuestas y sé consciente de que puedes cambiar lo que necesites en tu rutina. Incorporar aquello que te falta para crecer como persona, para estar mejor contigo mismo, para mejorar tu cuerpo, tu alimentación o tu bienestar. Consigue poco a poco una rutina que te lleve a la felicidad real.

Interioriza el mantra:

"Yo Soy el reajuste de mi equilibrio. Yo Soy adaptación".

1____

____

2____

____

3____

____

4____

____

5____

____

6____

____

7____

____

8____

____

9 ____

____

10 ____

____

11 ____

____

12 ____

____

13 ____

____

14 ____

____

15 ____

____

16 ____

____

17 ____

____

18 ____

____

19 ____

____

20 ____

____

21 ____

____

Sensaciones libres

Plasma todas aquellas sensaciones o eventos que hayan sido importantes para ti a lo largo de este día.

Fecha: _____________________

SENDERO 15 – Transformación

¿Cómo estoy físicamente en este momento?

____

¿Cómo estoy mentalmente en este momento?

____

¿Cómo estoy emocionalmente en este momento?

____

Pinta la imagen que muestra cómo estás hoy en general

Puedes transformar la vibración del agua que bebes cada día. Coge una botella de cristal azul, la llenas de agua y la dejas unas horas al sol. Este agua se llena de vitalidad y se purifica gracias a la luz solar. Al beber este agua tu cuerpo absorbe todos los beneficios positivos del sol.

- Ahora vas a aprender una técnica para transformar tu vibración.

¿Conoces el _Tapping_?

El _Tapping_ es una técnica de liberación emocional que, si la aplicas en tu día a día, te ayuda a equilibrar la energía de tu cuerpo. Consiste en dar golpecitos suaves con los dedos índice y medio en unos puntos concretos. Estos puntos son los utilizados en acupuntura o reflexoterapia. Cada uno para tratar un síntoma en concreto.

Antes de empezar, puedes mirar cómo está tu energía con tu péndulo en la tabla "Biometro de Bovis" del anexo. Los readiestesistas miden el nivel energético mediante *Bovis*. Sigue las instrucciones que encontrarás junto a la tabla.

Resultado: _______________ *Bovis*

- Busca una música que marque con una campanilla cada minuto pasado (puedes encontrarla en Youtube). Trabaja los siguientes puntos energéticos, cambia de uno punto al otro cuando suene la campanilla.

Punto 1: entre los ojos y las mejillas (reduces el estrés y aumentas la estabilidad).

Punto 2: encima de las clavículas (te ayuda a centrar tu energía).

Punto 3: en las clavículas con las manos cruzadas (equilibra el hemisferio derecho con el izquierdo).

Punto 4: el Timo, justo en medio del pecho, a la altura del corazón (te aporta fuerza y vitalidad).

5: da saltitos durante un minuto.

6: mueve todo tu cuerpo como sientas.

7: siéntate y relájate durante 5 minutos mientras se asienta la energía que has transformado.

Describe la sensación que tienes después del ejercicio:

____

____

____

____

____

____

____

____

Comprueba, después de hacer el ejercicio, tu estado energético mediante la tabla de *Bovis*:

Resultado: _____________________ *Bovis*

¿Se ha elevado tu nivel energético tras el ejercicio?

Sí ☐   No ☐

- **Transforma tus patrones heredados y devuélvelos a quienes les pertenecen.**

Busca un lugar tranquilo y cómodo. Cierra los ojos y visualiza una habitación pintada y decorada a tu gusto, con asientos cómodos situados en círculo para poder conversar. Acomódate en uno de ellos y atiende a las sensaciones que percibes en tu cuerpo. Recibe a tu padre, madre y aquellos familiares que creas conveniente. Agradéceles haber acudido al encuentro. Ahora vas a devolverles lo que es suyo. Empezarás a decir todo aquello que no te pertenece, que quieres devolver, toda carga generacional o patrón inculcado. Se lo entregas en forma de objeto a la persona o personas que les pertenece diciendo: "Os devuelvo el poder de sanar vuestras heridas. Ahora entiendo que nadie sana si no es por un trabajo personal profundo. Os devuelvo creencias limitantes que pusieron freno a vuestra evolución". Les das las gracias por todo y sales de la meditación.

¿Qué sensaciones tienes después de la meditación?

____

____

____

____

____

____

____

Interioriza el mantra:

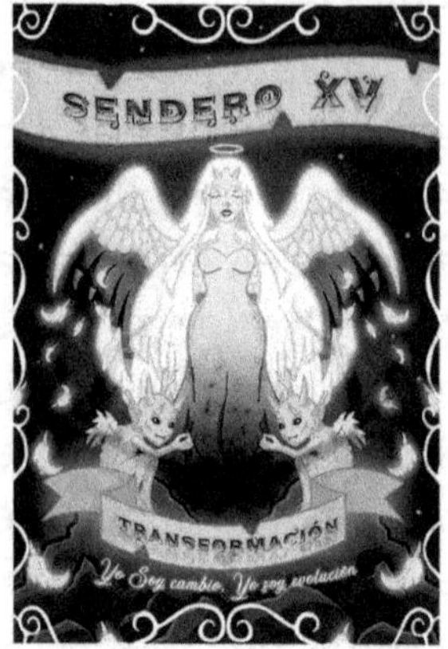

**"Yo Soy cambio,
Yo Soy evolución".**

1____

2____

3____

4____

5____

6____

7____

8____

9____

10____

11____

12____

13____

14____

15____

16____

17____

18____

19____

20____

21____

Sensaciones libres

Plasma todas aquellas sensaciones o eventos que hayan sido importantes para ti a lo largo de este día.

Fecha: _______________

____
____
____
____
____
____
____
____
____
____
____
____
____
____
____
____
____
____
____
____
____

SENDERO 16 – Autoestima

¿Cómo estoy físicamente en este momento?

____

¿Cómo estoy mentalmente en este momento?

____

¿Cómo estoy emocionalmente en este momento?

____

Pinta la imagen que muestra cómo estás hoy en general

Tu autoestima depende mucho de la calidad de tus pensamientos y del diálogo interno que tienes hacia ti mismo. Primero de todo, debes reconocer qué tipo de pensamientos predominan en tu mente.

- Cierra los ojos, respira profundamente y durante cinco minutos observa los pensamientos que llegan a tu cabeza. Utiliza los dedos de las manos para contar cuántos pensamientos son positivos (en la mano derecha) y cuántos negativos (en la mano izquierda). Observa tu diálogo interno sin juzgar y clasifica con rapidez cuál es positivo y cuál negativo.

Apunta aquí el resultado:

Mano derecha: ___________ Mano izquierda: __________

- Una vez identificada tu calidad de pensamientos, puedes anular todos aquellos que son negativos y te hacen vibrar en baja vibración. Cuando un pensamiento negativo venga a tu cabeza piensa "CANCELADO" tres veces, omitiendo una orden. Es una manera de evitar que penetre en tu conciencia. Seguidamente reemplazar este pensamiento negativo por uno positivo.

- Responde las siguientes preguntas con total sinceridad:

Mis cualidades son:

____

____

____

____

____

____

____

____

____

Lo que más me gusta de mí es:

____

____

____

____

Lo que más me enorgullece de mí es:

____

____

____

____

¿Cómo te defines? Redacta una definición personal positiva.

____

____

____

____

____

____

____

____

Mi pasión en la vida es:

____

____

____

____

He triunfado en:

____

____

____

____

____

____

Lo que me hace más feliz es:

____

____

____

____

____

____

Me siento valioso cuando:

____

____

____

____

____

____

Lo mejor de ser yo es:

____

____

____

Si no has respondido alguna pregunta o no sabes qué responder, piénsalo bien. Existe la respuesta. Una vez rellenados todos los espacios, observa tus respuestas y siéntete orgulloso de ti y merecedor de ser feliz. Pon atención a todo lo bueno y tu vibración aumentará en positivo, atrayendo más felicidad y positividad a tu alrededor.

 **• La piedra del dolor**

Aprende a relacionarte con el malestar que genera una situación.

Elije una piedra irregular y con aristas que te quepa en la mano. La llevarás siempre encima. Cada vez que experimentes un malestar por un suceso no deseado, aprieta la piedra con la mano hasta que te produzca un leve dolor.

El malestar o las emociones negativas que te produce una situación concreta no debe extenderse al resto de tu cuerpo y al resto de ámbitos de la vida. Es un malestar localizado como el que la piedra produce en la mano. Primero duele, luego se desvanece el dolor. Aprende a que se desvanezca esta emoción o sensación en ti de la misma manera.

Interioriza el mantra:

"Yo Soy amor en plenitud.

Yo Soy virtud".

1____

2____

3____

4____

5____

6____

7____

8____

9____

10____

11____

12____

13____

14____

15____

16____

17____

18____

19____

20____

21____

Sensaciones libres

Plasma todas aquellas sensaciones o eventos que hayan sido importantes para ti a lo largo de este día.

Fecha: ________________

____
____
____
____
____
____
____
____
____
____
____
____
____
____
____
____
____
____
____
____

SENDERO 17 – Sexualidad

¿Cómo estoy físicamente en este momento?

____

¿Cómo estoy mentalmente en este momento?

____

¿Cómo estoy emocionalmente en este momento?

____

Pinta la imagen que muestra cómo estás hoy en general

La sexualidad es una parte de ti y debes aceptarla y vivirla en total libertad. Hoy en día vivimos con creencias erróneas y patrones limitantes que se han ido inculcando siglo tras siglo hasta día de hoy. La finalidad es comprender que la sexualidad es natural e instintiva y debes conectar con tus patrones limitantes para poder vivir una sexualidad conscientemente plena. Para ello te proponemos una serie de ejercicios prácticos para reconocer tus emociones en la expresión corporal. Puedes practicar también el Ushas Mudra para potenciar tu sexualidad.

- **Pataleo:**

Túmbate en la cama o en un colchón grueso. Extiende las piernas y patalea sin encoger las rodillas. Deja los tobillos sueltos y procura que el golpe se produzca con el talón y la pantorrilla.

Deja tu cabeza libre y empieza el movimiento con suavidad e ir aumentando la fuerza y la velocidad al máximo. Cuando estés al límite puedes gritar "¡No!", mientras pataleas.

Ahora responde:

¿Al finalizar el ejercicio, te paraste bruscamente o lo hiciste poco a poco?

____

¿Has doblado las rodillas golpeado finalmente solo con el talón?

____

¿Sentiste pánico, agobio o mareo? Describe tus sensaciones:

____

____

____

Si paras bruscamente o te cuesta mantener las piernas firmes, indica miedo a que los movimientos lleguen a su final natural o un autocontrol inconsciente ante estímulos fuertes.

- **Rotación de caderas:**

Ponte de pie. Separa los pies unos 30 centímetros entre ellos, rectos y paralelos. Deja caer el peso del cuerpo en la parte delantera de los pies. Suelta tensiones de cuello, hombros, espalda y vientre.

Empieza a rotar las caderas en movimiento circular de izquierda a derecha, lentamente. Después de seis círculos, invierte la dirección. El movimiento debe ser solo de pelvis, sin mover el resto del cuerpo.

Ahora responde:

¿Contienes el aliento durante el ejercicio?

[ ] Sí   [ ] No

¿Se tensa tu vientre?

[ ] Sí   [ ] No

¿Sientes tensión en el glúteo o en el fondo de la pelvis?

[ ] Sí   [ ] No

¿Doblas las rodillas?

[ ] Sí   [ ] No

Repite el ejercicio centrándote en la respiración e intentando destensar al máximo todo tu cuerpo. Cuando hay tensión esto nos indica rigidez y bloqueo energético corporal.

- **Ejercicios de pelvis para generar energía y desbloquear tu flujo vital.**

De pie, con los pies separados a la altura de la cadera y las rodillas ligeramente flexionadas. Exhala con fuerza a través de la boca impulsando la pelvis hacia adelante. Inhala por la nariz impulsando la pelvis hacia atrás. Puedes ayudarte moviendo brazos adelante y atrás para incrementar la energía. Sé consciente de tu cuerpo y de tus sentidos y descríbelos seguidamente:

____

____

____

____

____

- **Ejercicio Shakti Shake (Judy Kuriansky)**

Pon una canción que te guste especialmente. Comienza sacudiendo la pierna derecha, luego la izquierda. Sigue el ritmo de la música. Sacude tu brazo derecho, luego el izquierdo. Sigue con tu hombro derecho, luego el izquierdo. Sacude tu cabeza con cuidado. Siente como vibra tu cuerpo entero al ritmo de la canción. Siéntete revivir. Explica las sensaciones:

____

____

____

____

____

Practica este ejercicio cuando estés estresado o cansado para activar tu energía. Este ejercicio te aporta consciencia para entender que, al igual que en este ejercicio, debes dejar fluir tu cuerpo sin tensiones durante los actos sexuales y focalizar la atención a las reacciones de tu cuerpo, dejando la mente en blanco. Así podrás disfrutar de una vida sexual plena y sana.

Ejercicios tántricos en pareja:

El tantra es una revolución interna para liberarse de toda creencia, moralidad y concepto de la mente. Crear espacio interno para concebir la verdad infinita y atemporal que te aporta comprensión y la aceptación de tu naturaleza, te permite amarte a ti mismo y al prójimo. Con ejercicios tántricos fusionas las energías. El placer sexual es un 10 % del placer completo, el éxtasis. La unión de dos polaridades empieza tras la relajación, la conexión visual y la unión entre genitales y corazón. Si se llega a esta unión cuerpo-alma puedes llegar a la culminación del éxtasis, además de ser una experiencia sanadora. Para el tantra, el único tiempo que existe es el presente. Tomar conciencia sobre el lugar, la situación, la piel de la pareja, su pelo, su olor...

Ejercicios:

- **Contacto visual**

La mirada dice más que mil palabras. Desnudos, uno frente al otro, mirándose fijamente a los ojos, intentad descifrar lo que siente el otro siendo consciente de lo que ocurre en este preciso momento.

• Respiración tántrica

La respiración tántrica se emplea para aquietar el propio cuerpo y controlar la inspiración y la expiración, centrándose en la entrada y salida de aire. Empezáis respirando cada vez más lento y más profundo. Una vez controlada tu respiración, empiezas a conectar y respirar al mismo tiempo que la pareja, fusionando ambas respiraciones. La conexión empieza con la respiración, disfrutando de la experiencia como una sola entidad.

• Armonizar chakras

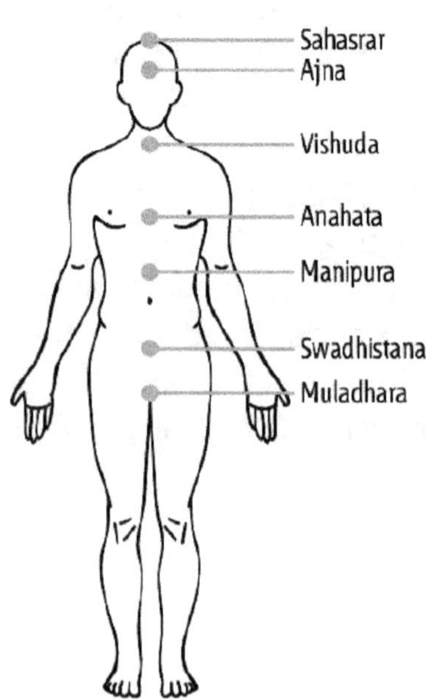

Llevando a cabo una armonización de chakras se une el instinto sexual, emocional, mental y espiritual.

Uno de los miembros de la pareja se sitúa estirado boca abajo. El otro empieza un masaje desde los pies hacia el primer chakra y sigue pasando por todos los 6 chakras restantes. Quien está boca abajo se da la vuelta y el otro prosigue un masaje desde la cabeza hasta los pies pasando por todos los chakras. Luego se intercambian los roles.

- **Preguntas de introspección**

¿Practicas el autoplacer? Si la respuesta es que sí ¿cómo te sientes al respecto? Si es que no ¿por qué te privas de este acto?

____

____

____

____

____

¿Qué emociones experimentas antes de tener relaciones sexuales?

____

____

____

____

____

____

____

¿Durante las relaciones sexuales consigues centrarte en tu cuerpo o tu mente se interpone?

____

____

____

____

____

____

Interioriza el mantra:

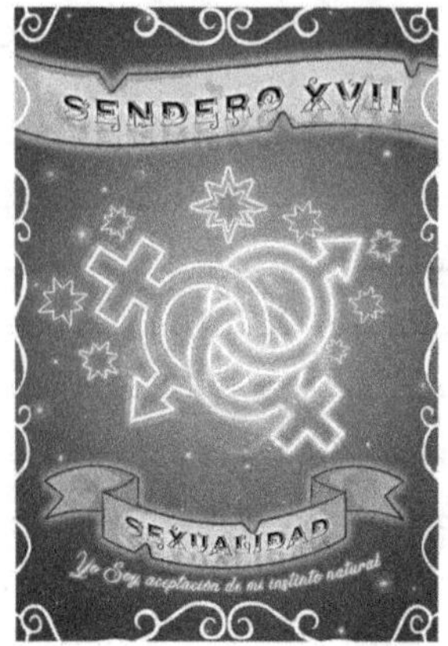

"Yo Soy aceptación de mi instinto natural".

1____

2____

3____

4____

5____

6____

7____

8____

9____

10____

11____

12____

13____

14____

15 _______________________________________

16 _______________________________________

17 _______________________________________

18 _______________________________________

19 _______________________________________

20 _______________________________________

21 _______________________________________

Sensaciones libres

Plasma todas aquellas sensaciones o eventos que hayan sido importantes para ti a lo largo de este día.

Fecha: _______________

SENDERO 18 – Emociones

¿Cómo estoy físicamente en este momento?

____

¿Cómo estoy mentalmente en este momento?

____

¿Cómo estoy emocionalmente en este momento?

____

Pinta la imagen que muestra cómo estás hoy en general

Tu estado emocional impacta directamente a tu estado físico y mental. Es muy importante identificar tus emociones, al igual que identificar cómo se manifiestan en tu cuerpo. Para activar una conciencia emocional, el primer paso es identificar las emociones, ponerles nombre y entenderlas. Para ello, tienes una herramienta imprescindible en el anexo de tu diario. Aprende vocabulario emocional para poder ponerles nombre cuando despierten en tu interior. Habla de ello y exprésalas para que no se enquisten dentro de ti provocando efectos en tu cuerpo físico o mental. El segundo paso es reconocer cómo se expresan a través de tu cuerpo. Para ello el siguiente ejercicio:

- **Piensa en una situación de tu vida que te haya producido felicidad.** Descríbela:

____

____

____

____

____

____

Obsérvala y siéntela de nuevo. Observa cómo tu cuerpo reacciona a ello y apúntalo:

____

____

____

____

____

____

Ahora piensa en una situación triste. Descríbela y permítete sentir otra vez este sentimiento:

____

____

____

____

¿Cómo reacciona tu cuerpo ante esta situación?

____

____

____

____

____

Identifica una situación que te haya generado sentimientos de rabia o ira. Descríbela:

____

____

____

____

____

¿Cómo influye en tu cuerpo?

____

____

____

____

____

Piensa en una situación que te ha generado miedo, siéntela mientras la describes:

____

____

____

____

¿Cómo reaccionas físicamente ante esta situación?

____

____

____

____

____

Es fácil reconocer cómo somatiza tu cuerpo una emoción ya vivida, cuando identificas de donde proviene. Ahora que sabes cómo actúa tu cuerpo ante una emoción, podrás identificarlas cuando surjan "de la nada" para poder entender la situación y saberlas controlar.

 • **La no-palabra:** este ejercicio sirve para la identificación y comunicación emocional con las personas que te rodean. Pide a tu pareja, amigo cercano, familiar, etc. que exprese sus emociones en momento presente sin utilizar la palabra. Trata de poner nombre a lo que está expresando. Después confirma tu percepción con lo que realmente te estaban transmitiendo. Este ejercicio mejora la atención a los estados emocionales del otro y la comunicación interpersonal.

Escribe aquí tus conclusiones al respecto:

____

____

____

____

____

____

Interioriza el mantra:

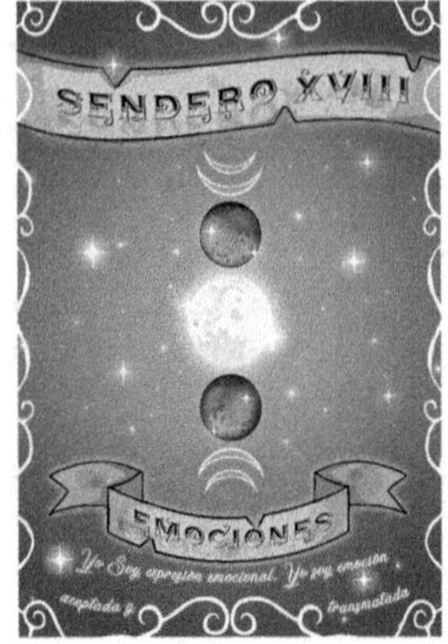

"Yo Soy expresión emocional. Yo Soy emoción aceptada y transmutada".

1 _______________________________

____

2 _______________________________

____

3 _______________________________

____

4 _______________________________

____

5 _______________________________

____

6 _______________________________

____

7 _______________________________

____

8 _______________________________

____

9 ____

____

10 ____

____

11 ____

____

12 ____

____

13 ____

____

14 ____

____

15 ____

____

16 ____

____

17 ____

____

18 ____

____

19 ____

____

20 ____

____

21 ____

____

Sensaciones libres

Plasma todas aquellas sensaciones o eventos que hayan sido importantes para ti a lo largo de este día.

Fecha: ________________

SENDERO 19 – Sociabilidad

¿Cómo estoy físicamente en este momento?

____

¿Cómo estoy mentalmente en este momento?

____

¿Cómo estoy emocionalmente en este momento?

____

Pinta la imagen que muestra cómo estás hoy en general

Antes de empezar con los ejercicios de este sendero debes completar el ejercicio del sendero 12. Hoy hace siete días de tu propósito de comer y andar despacio. Escribe tus sensaciones al respecto.

- La sociedad en la que vivimos nos transmite unas creencias limitantes que absorbemos y, luego, perjudican nuestra evolución.

Debes identificar las creencias que provienen de tu entorno para analizarlas y eliminar las que no resuenan con tu esencia.

Anota creencias respecto al amor, dinero, familia, salud, trabajo, amistades, sexo, hombres, mujeres, éxito, fracaso...

¿Qué creencias te afectan en tu vida diaria?

____

____

____

____

____

Creencias que provienen de mi madre:

____

____

____

____

Creencias que provienen de mi padre:

____

____

____

____

Creencias que provienen de otros familiares:

____

____

____

____

Creencias que provienen de la religión:

____

____

____

____

Creencias que provienen de la sociedad:

____

____

____

____

Obsérvalas e identifica qué creencias son tuyas y cuáles inculcadas. Y cómo actúas a través de ellas ¿cómo un mandato recibido o por tu propia voluntad? Descríbelas.

____

____

____

____

____

____

____

____

____

____

____

____

____

Interioriza el mantra:

"Yo Soy tú, tú eres yo".

1____

2____

3____

4____

5____

6____

7____

8____

9____

10_______________________________________

11_______________________________________

12_______________________________________

13_______________________________________

14_______________________________________

15____

16____

17____

18____

19____

20____

21____

Sensaciones libres

Plasma todas aquellas sensaciones o eventos que hayan sido importantes para ti a lo largo de este día.

Fecha: _________________

SENDERO 20 – Comunicación

¿Cómo estoy físicamente en este momento?

____

¿Cómo estoy mentalmente en este momento?

____

¿Cómo estoy emocionalmente en este momento?

____

Pinta la imagen que muestra cómo estás hoy en general

Párate y reflexiona: cada mañana, al beber el agua con los minerales de los chakras ¿cómo te sientes?

____

____

____

____

Las palabras que utilizas, tanto en tu diálogo interno como en tu comunicación verbal, determinan tu vibración. Es muy importante tener una comunicación positiva, alejándote de críticas, juicios e insultos.

- **Buddhi Mudra.** La palabra Buddhi proviene del sánscrito y significa "intelecto" o "percepción". Cuando el dedo meñique, que simboliza el agua y la comunicación, toca el pulgar, que representa el fuego y la naturaleza divina, se activa la comunicación fluida y la conexión con la sabiduría interna.

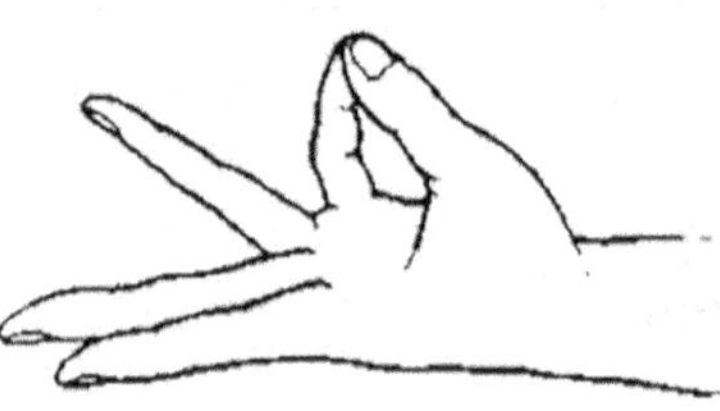

Ponte una música relajante y un incienso. Practica este mudra durante cinco minutos.

¿Qué sensaciones te ha transmitido?

____

____

____

____

- Escribe aquí veinte palabras de amabilidad y amor, y tenlas presentes en tus conversaciones.

1_______________________ 2_______________________

3_______________________ 4_______________________

5_______________________ 6_______________________

7_______________________ 8_______________________

9_______________________ 10_______________________

11_______________________ 12_______________________

13_______________________ 14_______________________

15_______________________ 16_______________________

17_______________________ 18_______________________

19_______________________ 20_______________________

 • Para generar una mejor vibración personal, debes ser muy cuidadoso con lo que expresas utilizando las palabras que provienen de tus pensamientos. Te proponemos un ejercicio para activar tu mente positiva. Intenta pasar 48 horas sin quejarte, sin juzgar o criticar. En el momento que falles, el tiempo vuelve a empezar desde 0. Este ejercicio te llevará a ser consciente de la cantidad de pensamientos de baja vibración y, poco a poco, controlarlos.

• Diálogo interno positivo: Seguidamente repite 21 veces cada una de las siguientes frases e introdúcelas en tu diálogo interno.

- Yo Soy igual que cualquier otra persona en el universo.

- Me amo tal y como soy

- Yo puedo con todo

• Recita el Adi Mantra : . Los mantras, a través de las palabras provenientes del sanscrito, aumentan tu nivel vibracional. Busca en YouTube el mantra : "Ong Namo by Santam Kaur". Cántalo y Siéntelo.

-ONG NAMO GURU DEV NAMO

¿Qué te ha transmitido la conexión con este mantra?

____

____

____

____

____

Interioriza el mantra:

**"Yo Soy expresión mental,
Yo Soy palabra decretada".**

1____

2____

3____

4____

5____

6____

7____

8 ____

9 ____

10 ____

11 ____

12 ____

13 ____

14 ____

15 ____

16 ____

17 ____

18 ____

19 ____

20 ____

21 ____

Sensaciones libres

Plasma todas aquellas sensaciones o eventos que hayan sido importantes para ti a lo largo de este día.

Fecha: ________________

SENDERO 21 – Escucha profunda

¿Cómo estoy físicamente en este momento?

____

¿Cómo estoy mentalmente en este momento?

____

¿Cómo estoy emocionalmente en este momento?

____

Pinta la imagen que muestra cómo estás hoy en general

A veces puede ser difícil llevar a cabo una escucha profunda personal, ya sea por la situación en un momento determinado, por el paso por una crisis, por estrés… no siempre estás conectado con tu ser, es completamente normal, porque aparte de ser un ser espiritual, también eres un ser terrenal. Lo que debes conseguir es vivir en el momento presente, tanto tiempo como puedas, y ser consciente de cuando te desvías de tu camino para volver a conectarte lo antes posible sin perderte. Con este trabajo que estás haciendo lograrás dar un salto importante en tu conciencia. Enhorabuena, lo estás haciendo muy bien.

- **Responde estas preguntas de introspección, realizando una escucha profunda hacia tu ser:**

¿Qué puedes hacer para que este año sea un año mejor?

____

____

____

____

¿Qué cualidades te gustaría obtener durante este año?

____

____

____

____

Si tuvieras a tu _Yo de quince años_ ¿qué le aconsejarías?

____

____

____

____

¿Cuál ha sido la última persona que has conocido en tu vida que te ha aportado algo nuevo?, ¿en qué te ha ayudado?

____

____

____

____

¿Cuál ha sido el mayor error en los últimos años y qué has aprendido de lo sucedido?

____

____

____

____

¿Cuál es el mayor logro que has conseguido en los últimos años? Describe la emoción.

____

____

____

____

Si pudieras retroceder unos años atrás ¿qué actuaciones cambiarías?

____

____

____

____

¿Cuáles son las tres grandes lecciones que has aprendido a lo largo de tu vida?

____

____

____

____

____

Redacta dos situaciones en las que hayas ayudado a alguien de tu alrededor:

1____

____

____

____

____

2____

____

____

____

____

¿Cuál ha sido la mayor pérdida en los últimos años?

____

____

____

____

Escribe tres objetivos personales:

1____

____

____

2____

____

____

3____

____

____

Escribe tres objetivos profesionales:

1____

____

____

2____

____

____

3____

____

____

¿Qué podrías hacer para mejorar tu estilo de vida?

____

____

____

____

¿Cómo podrías cambiar tu rutina para ser más saludable?

____

____

____

____

¿Estás haciendo realmente lo que quieres o simplemente te conformas con lo que tienes?

____

____

____

____

____

Escucha a tu corazón ¿qué te pide que cambies?, ¿qué te pide para ser más feliz?

____

____

____

____

____

Cuando llevas tu mirada a tu interior y descubres lo que te motiva, es necesario reflexionar profundamente y encontrar la manera de andar por el camino que dicta tu ser.

TÚ PUEDES, CONFÍA EN TI

Interioriza el mantra:

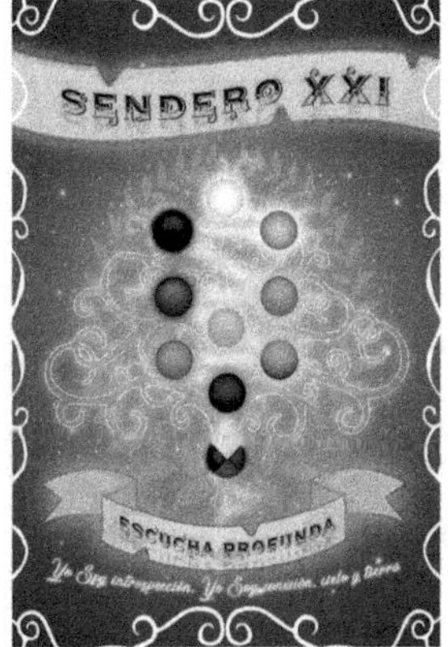

**"Yo Soy introspección.
Yo Soy conexión cielo y tierra".**

1____

2____

3____

4____

5____

6____

7____

8____

9____

10____

11____

12____

13____

14____

15____

16____

17____

18____

19____

20____

21____

Sensaciones libres

Plasma todas aquellas sensaciones o eventos que hayan sido importantes para ti a lo largo de este día.

Fecha: _________________

SENDERO 22 – Yo Soy

¿Cómo estoy físicamente en este momento?

____

¿Cómo estoy mentalmente en este momento?

____

¿Cómo estoy emocionalmente en este momento?

____

Pinta la imagen que muestra cómo estás hoy en general

Este es el último día de tu trabajo personal a través de los veintidós senderos de aprendizaje de la vida. Terminas con el número veintidós, el Yo Soy, que también se refleja cómo el primer sendero, tu identidad más pura. El Yo Soy muestra toda tu esencia. Trabajar los senderos de tu identidad te ayuda a hacer consciente tu energía, a reconocerte en tu totalidad y llegar a la aceptación del cómo eres y del porqué.

- **Tu reflejo:** te proponemos que cojas lápiz y colores, rotuladores... prepárate para pintar tu autoretrato. En esta página plasma tu visión hacia tu persona. Dibújate y, mientras lo haces, conecta contigo. Puedes añadir palabras o frases positivas. Todo lo que tu alma te transmita.

Al terminar tu dibujo, contémplalo. Reflexiona y acéptate. No hay nada perfecto, la imperfección es tu perfección. Como decimos en el libro de conciencia *Yo soy yo*, no existe lo perfecto, existe lo original. Y ese eres tú, un ser único, irrepetible y original. No busques ser como otros, sé tú mismo siempre y saca tu esencia al exterior. Muéstrate tal y como eres y reinvéntate las veces que quieras. Si quieres cambiar algo, tienes la posibilidad de hacerlo. Adelante.

- Han pasado ya 48 horas intentando alejar las quejas, juicios y críticas. ¿has conseguido el objetivo? ¿Te ha resultado dicifil?

____
____
____
____
____

El primer paso para eliminar las quejas de tu vida, es darte cuenta de las veces que lo haces, y poco a poco irás siendo más consciente y corrigiendo este hábito que no te beneficia.

- **Preguntas de introspección:**

Para mí la vida es...

____
____
____
____
____
____

Me defino como...

____

____

____

____

____

Los demás me definen como...

____

____

____

____

____

Mi imagen dice que soy...

____

____

____

____

____

Lo que me asusta de aceptarme es...

____

____

____

____

____

Mi pasión en la vida es...

____

____

____

____

____

Doy las gracias a la vida por...

____

____

____

____

____

____

____

____

____

Agradecer es el arte de atraer más cosas buenas. Da las gracias por todo lo bueno que hay en tu vida. Da las gracias también a lo negativo, de este modo estas aceptando, sanando y transmutando la lección aprendida. Puedes recitar los siguientes mantras para vibrar en la gratitud:

Gracias por lo que soy.

Gracias por lo que tengo.

Gracias por lo que recibo.

- Para finalizar esta primera fase de acción, te proponemos un último ejercicio.

Antes de empezar tu trabajo de acción, escribiste una carta a tu *Yo Soy*. Te proponemos que, ahora que has terminado la primera ronda de toma de acción, vuelvas a escribir la misma carta. Expresa tus sentimientos y emociones actuales, tus posibles cambios, cómo ha sido la conexión con tu ser. ¿Identificas los cambios que se han producido en tu interior?

"Yo soy yo"

Nombre _____________________________________

Fecha de Nacimiento ________________________

Yo soy...

____

____

____

____

____

____

____

____

____

____

____

____

¿Cuánto me quiero? (Pinta los corazones, cuantos más pintes significará que te quieres más)

♡ ♡ ♡ ♡ ♡ ♡ ♡ ♡ ♡ ♡ ♡

Interioriza el mantra:

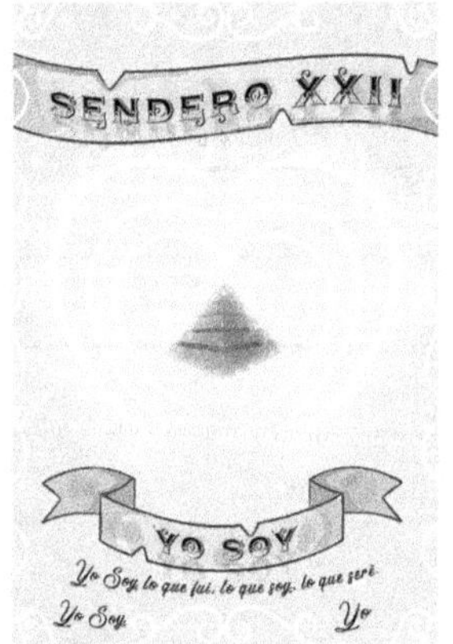

"Yo Soy lo que fui, lo que soy, lo que seré. Yo Soy yo".

1____

2____

3____

4____

5____

6____

7____

8____

9____

10____

11____

12____

13____

14____

15____

16____

17____

18____

19____

20____

21____

Sensaciones libres

Plasma todas aquellas sensaciones o eventos que hayan sido importantes para ti a lo largo de este día.

Fecha: _______________

EJERCICIOS PARA ACTIVAR LOS ONCE PLANETAS DE MI IDENTIDAD

¡Felicidades!

Has logrado el primer paso para conectar con tu identidad. A lo largo de los veintidós días has realizado un salto evolutivo, un avance de conciencia que te servirá para fluir en tu camino. Es posible que ya notes los cambios en ti, de todos modos, necesitas un proceso de interiorización de veintidós días más en los que seguro que identificarás muchos más cambios. Puede ser que estos cambios internos te lleven a un estado aparentemente triste, pero recuerda que debes dejarte fluir y experimentar todo tipo de emoción que se produzca durante tu acción, esto significa que estás exteriorizando y sanando tu ser.

Ahora es el momento de seguir con tu trabajo de acción. Esta vez a tu ritmo. Seguidamente te proponemos una serie de ejercicios para hacer cuando tú lo sientas y así seguir creciendo y evolucionando.

Puedes ponerte tu pulsera de los chakras. Llévala en contacto contigo, los minerales conectarán contigo y te ayudarán a seguir trabajando y armonizando tus chakras día a día.

1 PLANETA KETHER
Espiritualidad

Kether es el planeta espiritual. Es la puerta que se abre para recibir la energía que determina toda tu identidad. En kether la energía recibida se dispersa fluyendo en determinadas direcciones hacia los otros planetas de tu "Árbol de la vida", llegando a Malkut, donde se lleva a cabo la materialización de esta energía. Para empezar a trabajar todos los planetas, te ofrecemos un ejercicio interactivo para que identifiques en ti un mensaje personal.

Observa las tres cartas, respira profundamente, escoge la que te dicte tu intuición:

1   2   3

Si has elegido la carta número 1:

Disciplina – Alegría – Prosperidad - Yo Soy - Perdón

Momento actual: te indica que es el momento de elegir qué rumbo tomar en la vida para no desviarte de tu camino. Lo primero que debes hacer es poner orden interno para pasar a la acción y así encontrar la estabilidad. Te recuerda que debes armonizar y unir tu corazón con tu parte más racional y emocional. Debes diseñar estrategias, hacer una toma de conciencia y encontrar tu lugar en el mundo para llegar a la realización a través de tus potenciales. Debes hacer un trabajo personal y romper patrones de tu jerarquía familiar vinculados con la parte paterna.

Debes potenciar: potencia tu alegría. Ha llegado el momento de disfrutar de las pequeñas cosas que te ofrece la vida, maravillarte e ilusionarte. Debes rencontrarte con tu niño interior, sentirte satisfecho contigo mismo y, sobre todo, ser agradecido. Tómate tiempo para jugar, reír, bailar y conecta con el placer de vivir.

Debes dejar atrás: el querer ir siempre por delante de los acontecimientos y ser tan impetuoso. Hacer las cosas a lo loco sin ningún objetivo o proyecto poco claro.

El cambio a seguir: tener paciencia y mantener la fe de que hay algo de lo que te provee el universo para tu desarrollo personal. Desarrollar tu conciencia para que te lleve a buscar respuestas y poderte entregar a la vida.

A dónde tienes que llegar: hacer una transformación profunda. Te invita a realizar un profundo cambio evolutivo para ascender y poder cerrar un ciclo en tu vida, a través del perdón, para poder liberar tu alma. Tienes la capacidad suficiente para desprenderte, desapegarte de tus ideas y pasar página.

Si has elegido la carta número 2:

Sexualidad – Comunicación - Escucha profunda – Responsabilidad - Autoestima

Momento actual: desarrollo espiritual contigo mismo. Hablamos de un desarrollo individual a través de la búsqueda espiritual para tu evolución. En estos momentos estás en una renovación cíclica, proveniente de tu lado más profundo. Es este sentimiento irracional, salvaje, instintivo que te impulsa desde adentro. Utiliza este instinto animal para darle sentido a la vida y poner luz.

Debes potenciar: tu comunicación, es el momento de abrir tu corazón y transmitir todo aquello que guardas en tu interior.

Debes dejar atrás: querer materializar las cosas, es decir, la parte más material.

El camino a seguir: tomar responsabilidad de tu desarrollo personal y centrarte en tu objetivo, lo más importante eres tú mismo y el sitio que te das en el mundo. Conecta con tu esencia, con tu *Yo Soy*, para alcanzar tu superación personal. Persigue tu ambición espiritual para alcanzar tu plano superior.

A dónde tienes que llegar: tener clara tu personalidad y llegar a conocerte como persona en todos los aspectos para poder desarrollar una buena autoestima y reforzar tu personalidad pudiéndote así identificar con tu alma. Ama esta persona única e irrepetible que eres y saca tu máximo potencial.

Si has elegido la carta número 3:

Libertad - Prosperidad – Sexualidad – Voluntad -Responsabilidad

Momento actual: responsabilizarte de tu propia independencia, la vida en ocasiones te sitúa en momentos críticos. Debes tomar decisiones con el objetivo de ser selectivo Momento de libertad, desapego y desarrollo. Conecta con tu interior para saber cuál es el camino correcto. Empieza a vivir como realmente quieres, tú y solo tú sabes lo que te conviene.

Debes potenciar: tu ley de atracción, todo lo que te propongas se puede desarrollar. Pon acción para generar tu propia suerte y alcanzar la prosperidad en todos los ámbitos.

Debes dejar atrás: tus instintos e impulsos.

El camino a seguir: debes proyectar más para poder controlar tu vida y ser más autosuficiente. Es el momento de crear tu propia realidad, despierta la fuerza que hay en tu interior y ponte en acción. Conecta con tu creatividad.

A dónde tienes que llegar: a tomar conciencia de lo que eres, luz y amor, para poder evolucionar constantemente y alcanzar tus objetivos. Persigue la ambición espiritual para alcanzar tu plano superior. Tú eres el único responsable de todo aquello que te ocurre, tienes el poder de moldearlo como tú quieras.

2 PLANETA JOKMAH
Imaginación

Trabajando la imaginación activas la creatividad, la resolución de problemas y la capacidad de síntesis.

Para potenciar tu imaginación te proponemos un ejercicio para activar esta cualidad en ti. Puedes realizarlo tantas veces como desees.

Elije 2 animales:

1___________________________________

2___________________________________

Visualiza un lugar:

1___________________________________

Piensa en tres objetos:

1___________________________________

2___________________________________

3___________________________________

Siente dos emociones:

1____

2____

Ahora redacta una historia donde se mencione todo lo apuntado anteriormente:

____

____

____

____

____

____

____

____

____

____

____

____

____

____

____

____

____

- A lo largo del día tus emociones pueden ser muy variadas. Puedes pasar de la alegría a la tristeza o estar enojado en un momento. Si deseas saber cuál es la emoción que predomina en tu día para identificarla y corregir tu estado emocional, utiliza la siguiente tabla. Pinta cada recuadro de la emoción que ha predominado (puedes utilizar la tabla de colores que hay al final del libro). Al terminar la semana, comprueba qué color predomina.

	Mañana	Mediodía	Tarde	Noche
Lunes				
Martes				
Miércoles				
Jueves				
Viernes				
Sábado				
Domingo				

Este ejercicio puedes ampliarlo a un mes para observar más ampliamente tu estado emocional.

3 PLANTEA BINAH
Realización

A veces puedes tener la sensación de que no llegas nunca a realizar todas las ideas o deseos que tienes. Se acumula una gran cantidad de cosas por realizar, pero nunca se llevan a cabo. Fabricar listas de todo lo que quieres hacer marcando unos horarios y unos objetivos a corto y largo plazo puede ayudarte a llevar a cabo la realización de tus pensamientos.

- **Ejercicio vibratorio y toma de tierra o enraizamiento:**

  Las ideas u objetivos provienen de tu lado espiritual. Para trabajar la realización de estos objetivos, tu cuerpo debe estar bien conectado con la parte terrenal.

Colócate de pie. Separa las piernas unos 25 centímetros, con los dedos ligeramente vueltos hacia dentro. Inclínate hacia delante hasta tocar el suelo con los dedos de las manos. Las rodillas ligeramente flexionadas. Deja tu cabeza sin tensión, colgando libremente y respira por la boca con profundidad durante tres minutos.

Seguidamente, desplaza el peso de tu cuerpo a la parte delantera de los pies, elevando ligeramente los talones. Endereza las rodillas lentamente. Mantén esta posición un minuto.

Ahora observa el ejercicio realizado.

¿Has respirado con facilidad durante el ejercicio o has contenido el aliento?

———————————————————————————

Al realizar el ejercicio puede que tus piernas vibren. Concéntrate en tu cuerpo y siente la energía.

Haz este ejercicio cada día para conectar con tu parte terrenal.

- **Ejercicio básico de tensión**

De pie, separa las piernas unos 45 centímetros. Pon los dedos inclinados hacia dentro. Coloca tus manos en la zona lumbar.

Dobla las dos rodillas al máximo sin levantar los talones del suelo. Mantén el peso en los dedos de los pies y arquea tu espalda hacia atrás. Respira profundamente bajando el aire hasta el vientre.

Ahora observa el ejercicio realizado.

¿Sientes incomodidad en la parte baja de la espalda? ¿Sientes tensión o dolor en la parte delantera? Explica tus sensaciones:

____

____

____

____

Practica esta posición y mantenla unos segundos. Te ayuda a ser consciente de la tensión acumulada y cómo controlarla.

- **Ejercicio para bajar el centro de gravedad**

De pie, separa los pies unos 20 centímetros. Permanece con el cuerpo recto y relajado, con la pelvis hacia atrás y el vientre hacia fuera.

Dobla la rodilla izquierda y deja caer todo el peso al pie izquierdo. Respira con profundidad y mantén la posición hasta sentirte incómodo. Luego repite el ejercicio con la pierna derecha.

Ahora observa el ejercicio realizado.

¿Sientes rigidez en las rodillas?, ¿contienes el aliento?, ¿tus piernas vibran con fuerza? Explica las sensaciones:

____

____

____

____

Deja fluir la vibración de tu cuerpo, de ese modo liberas tensión y dolor.

4 PLANETA JESED
Amor

El amor es la fuerza que todo lo puede. Tu alma es puro amor, pero a lo largo de tu vida has ido incorporando capas alrededor de este amor. Ya sea en forma de coraza emocional protectora o por tus creencias heredadas.

Cuando actúes con amor incondicional ante cualquier situación o persona, habrás llegado a un grado de evolución que te traerá paz interior.

- **Proponte tres actos de amor hacia otra persona de tu entorno.**

  Apúntalos seguidamente:

1 ____

____

2 ____

____

3 ____

____

Cuando tengas la ocasión, a lo largo de la semana, realiza estos actos. Escribe aquí cómo te sientes al respecto:

____

____

____

____

____

____

____

____

____

____

____

____

____

- **Regalos silenciosos:** busca un lugar público, como una plaza, un parque, una estación... y colócate en un sitio que te permita observar a las personas que pasan, discretamente. Déjate llevar por tu corazón y regala a las personas buena salud, paz, alegría, o lo que tu consideres, con tu pensamiento. Acoge a cada una de ellas en tu corazón por unos instantes y deséales lo mejor.

Describe aquí tu experiencia:

- Cada día, antes de acostarte, prueba a dar las gracias por algo que te haya sucedido durante el día. Repítelo durante una semana y, si puedes, interiorízalo como rutina en tu vida. Cuanto más agradeces, más situaciones para agradecer atraerás a tu vida.

5 PLANETA GEBURAH
Justicia

Ante la justicia espiritual encontramos las leyes del Karma. Debes de tenerlo muy presente. Todo aquello que haces, dices o piensas se te devuelve en forma de aprendizaje o de potencial.

- Cuando afirmas rotundamente un propósito, este se conecta con el universo. Para equilibrar y sanar tu Karma puedes hacer el siguiente acto: escribe en un papel todo aquello que te limita, situaciones que quieres sanar, todo lo que te trae sufrimiento.

Enciende una vela y, mientras quemas el papel, decreta la siguiente oración:

"Renuncio al Karma. En este instante, renuncio a cualquier forma de carencia, pensamiento de limitación o error que se aloje en mi consciencia. A partir de hoy elijo amor, felicidad, prosperidad, salud en cuerpo y mente y una vida armoniosa".

Cada persona tiene su propia justicia y percibe su entorno a través de su razón y su lógica. Seguidamente tienes un ejercicio para disminuir el malestar que te pueda provocar una situación que crees injusta pero en la que no puedes actuar.

• Sitúate en un lugar tranquilo, en postura cómoda y cierra los ojos. Siente tu respiración, cómo entra el aire frio al inhalar y sale caliente al exhalar. ¿Notas este punto de entrada y salida del aire?

Una vez relajado, visualiza la situación que pretendes aceptar con el mayor número de detalles posibles, colores, olores, personas afectadas...

Visualiza un punto a la altura del corazón, del que sale un sentimiento de amor y compasión, y se va expandiendo por todo tu cuerpo hasta tal punto en que sobresale de tu cuerpo. Visualiza cómo está este sentimiento, cubre la situación de injusticia y a todos sus implicados, sintiendo compasión también por los autores de la injusticia. Seguidamente, esta esfera se va reduciendo, volviendo a ti, hasta tu corazón. Poco a poco sales de la meditación.

No es posible resolver todas las situaciones que crees injustas, a veces no están a la altura de tu alcance, pero te generan malestar. Es necesario aceptar que siempre van a existir en el mundo situaciones injustas.

Puedes trabajar para minimizarlas, pero también es necesario tolerar que algunas sigan existiendo. Sobre todo, cuando te afectan, pero tú no puedes aportar nada.

6 PLANETA TIFERET
Alma

El alma es la parte que reside en tu interior y se conecta con tu exterior, donde encontramos el aura.

El aura es el campo energético que te rodea. Cuando tienes problemas, este campo magnético se desequilibra y el aura reduce su energía.

- Para expandir el aura estira tus brazos formando una cruz con tu cuerpo y empieza a dibujar círculos en la dirección que te resulte más cómoda. Al realizar el movimiento sentirás un aumento de energía corporal.

- **Visualización de luz:** visualiza una esfera de luz encima de tu coronilla. Esta luz baja por tu espalda mientras exhalas y sube por delante de ti mientras inhalas. Visualiza esta esfera dando vueltas a tu alrededor durante cinco minutos para limpiar tu campo áurico.

El alma es la parte de tu ser más pura y desde ella nace el amor incondicional y la gratitud ante la vida. El siguiente ejercicio te ayudará a conectar con esta parte sincera y a llevar la gratitud a tu vida diaria.

- Durante una semana, realiza un experimento de observación en el que cada día prestes atención al número de veces que dices "gracias" y a la respuesta no verbal de las personas a quienes hayas mostrado tal agradecimiento.

Responde las siguientes preguntas en forma de porcentaje:

¿Cuántas personas te han transmitido que no era necesario darle las gracias?

______%

¿Cuántas personas te han correspondido, aunque sea con un pequeño gesto?

______%

¿Cuántas personas han ignorado tu agradecimiento?

______%

Si consideras que la frecuencia con la que eres agradecido no es percibida por los que te rodean, piensa en alternativas para mostrar ese agradecimiento para que genere un impacto en ti, en el otro y en las relaciones.

Saber agradecer ante una situación que te produce malestar puede resultarte tarea difícil. Cuando agradeces estas situaciones, estás agradeciendo la lección y, con ello, potenciando el perdón y transmutación.

- **Potenciar la gratitud:**

Busca un momento fijo del día para reflexionar acerca de algo que te haya gustado de una persona en concreto. Puede ser un gesto, una palabra, un acto, un momento especial, algo que hacía mientras ni siquiera se daba cuenta o algo de lo que te has percatado después de la situación en sí y no habías percibido antes.

Pon en marcha tu creatividad y piensa cómo puedes mostrárselo materialmente. Escóndelo en algún lugar entre sus cosas para que lo encuentre en el momento menos pensado.

En el mejor de los casos, esta persona encontrará la sorpresa de manera inesperada y seguro que le saca una sonrisa. Mientras no lo encuentre, el beneficiario serás solo tú, hasta que esta gratitud sea compartida.

7 PLANETA NETZAH
Confianza

La confianza espiritual es la fe en que todo pasa en su debido momento, de la manera que debe ser. Existe una conexión muy especial, universal, a través de tu intuición. La cual puedes utilizar para encontrar respuestas y seguir tu camino.

A continuación, te proponemos que practiques con tu péndulo. Requiere tiempo y práctica llegar a controlar esta técnica, ya que la base principal es dejar la mente en blanco para que esta no influya en el resultado.

Cuando utilizas el péndulo para encontrar una respuesta, este actúa como herramienta visible para que puedas interpretar más fácilmente las respuestas. Al igual que las cartas del tarot o cualquier herramienta espiritual material. Pero debes entender que las respuestas están en tu interior. Que canalizas la información conectándote con el universo. Por esto es necesario que tu mente no intervenga en las respuestas.

Para conectar con tu péndulo, puedes realizar el siguiente ejercicio:

- Pon el péndulo a la mitad de las flechas de la imagen y deja el péndulo que siga la línea.

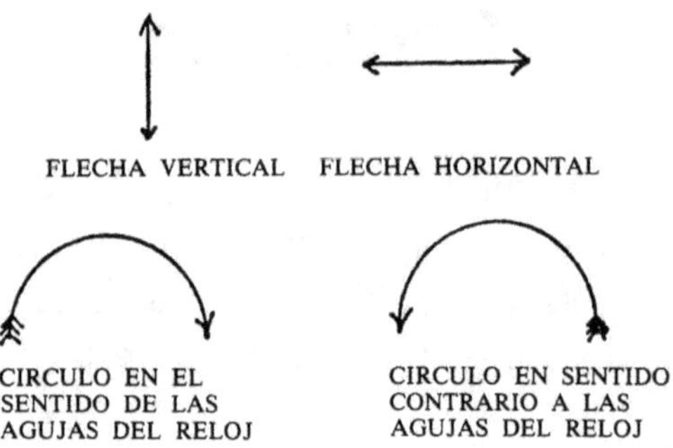

Dile a tu péndulo que te señale un "Sí" y fíjate en qué dirección va, luego un "No". Estas serán las direcciones correctas de tu péndulo.

- Puedes jugar a adivinar. Coge dos papeles en blanco. En uno escribes el número 1. En el otro escribes el número 2. Giras los papeles e intentas adivinar con el péndulo dónde está cada número.

  Te sitúas encima del primer papel a un par de centímetros con el péndulo y preguntas "¿aquí está el número 1?". Luego, en el otro papel preguntas "¿aquí está el número 1?". Repítelo dos o tres veces. Incluso preguntando si está el número 2. Y comprueba el resultado.

- Con la siguiente tabla puedes medir tus 7 chakras y observar cuál está desequilibrado y necesitas trabajar. Hazte estas siete preguntas observando hacia donde gira tu péndulo y apuntas el resultado al lado.

¿Mi primer chakra está desequilibrado? _____

¿Mi segundo chakra está desequilibrado? _____

¿Mi tercer chakra está desequilibrado? _____

¿Mi cuarto chakra está desequilibrado? _____

¿Mi quinto chakra está desequilibrado? _____

¿Mi sexto chakra está desequilibrado? _____

¿Mi séptimo chakra está desequilibrado? _____

Los sentidos del péndulo y el flujo energético.

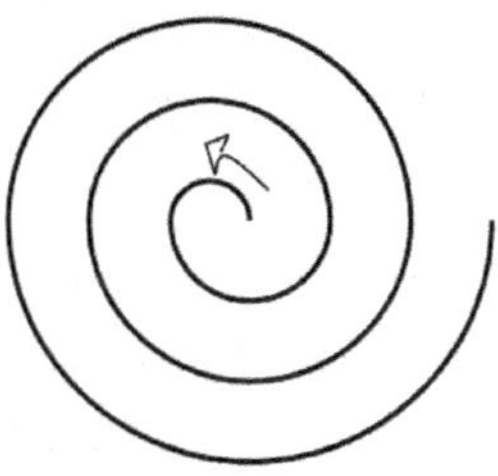

Sentido anti horario:
Disociación o disolución de cúmulos.

Chakra cerrado o bloqueado.

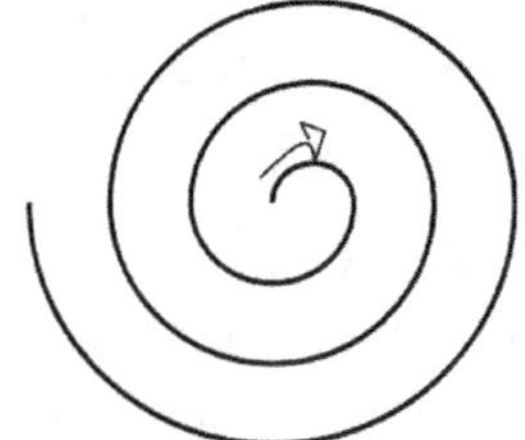

Sentido horario:
Vitalización o estimulación de la zona.

Chakra abierto.

Puedes comprobar si tus chakras están abiertos o cerrados/bloqueados preguntando: ¿Cómo está el flujo energético de mi primer chakra? Y así sucesivamente con los 6 chakras restantes.

Luego puedes trabajar tus chakras desequilibrados con la tabla de charkras en el anexo.

8 PLANETA HOD
Afinidad

En este planeta trabajarás la afinidad empática para conectar con los demás.

- **El lenguaje no verbal:** cuando mantengas una conversación con alguien, prueba a dejar de escuchar y concentrar tu atención en el lenguaje de su cuerpo. Olvídate de lo que significan las palabras y atiende al resto de la información. Capta su tono de voz, observa su postura corporal, su mirada, su expresión, sus gestos. Busca el significado detrás de todos estos gestos. Construye una historia de lo que percibes. Busca el punto emocional en la conversación. Puedes practicarlo también a través de una película sin voz e interpretar lo que sucede.

- Elige una persona al azar e intenta imaginar lo que le mueve a hacer lo que está haciendo. Imagina cuales podrían ser sus dificultades o sus miedos. Es ideal hacer el ejercicio mientras paseas o estás sentado en un banco viendo a las personas pasar.

- Recuerda una situación tensa de tu pasado con otra persona. Descríbela:

____

____

____

____

¿Cuál es tu opinión al respecto, tu punto de vista?:

____

____

____

____

____

____

____

____

¿Cómo crees que lo ve la otra persona, que opinaría ella?

____

____

____

____

____

____

____

____

Ante cualquier discusión o malentendido con otra persona, intenta realizar este ejercicio en el momento. Observar los diferentes puntos de vista y llegar a la comprensión de las dos partes.

9 PLANETA YESOD
Inconsciente

Para llegar a conectar con tu inconsciente, debes aprender a silenciar tu mente. Te proponemos un ejercicio que puedes empezar a realizar:

- **La práctica del silencio.** Es una práctica muy poderosa. Consiste en permanecer el mayor tiempo posible en total silencio, sin hablar, sin contestar al teléfono, sin mirar la televisión, sin leer o escuchar música. Lograr un estado de contemplación para elevar tu energía, encontrando el verdadero valor de TU SER.

  Empieza realizando el ejercicio durante media hora y ve aumentando el tiempo hasta tres o cuatro horas. Esta práctica se realiza en la naturaleza, simplemente contemplando todo lo que te sucede por dentro y lo que sucede a tu alrededor. No se trata de llegar a ninguna conclusión o juzgar tus sentimientos. Consiste en dejar que el ruido de tu mente, poco a poco, se aleje de ti.

- Las limitaciones o aprendizajes vivenciales que provienen de tu inconsciente son momentos duros en tu vida que parecen desestabilizarte. Para hacer frente a estas vivencias, que son impredecibles, puedes realizar la siguiente meditación:

Cierra los ojos e imagina tu cuerpo de pie en una montaña. Pones la atención en tus pies y visualizas cómo de ellos salen unas raíces que se agarran fuertemente al suelo, conectándose hacia el centro de la tierra. Tus piernas se anclan sintiendo esta fuerza terrenal. Todo tu cuerpo se transforma en un tronco fuerte y firme. De tus manos y tus brazos brotan hojas en dirección al cielo, conectándose con la parte más espiritual.

Una vez lograda esta sensación, empiezas a notar el viento. Tus problemas, los acontecimientos de la vida diaria, se reflejan en este viento que te azota y sacude con mayor o menor fuerza. Visualizas como tú, en forma de árbol anclado a la tierra, te mantienes firme. Una ráfaga de viento tras otra te sacude y reaccionas con imperturbabilidad. Todo tu cuerpo es consciente de que puede con todo. Poco a poco desconectas de la meditación. Has interiorizado en ti esta sensación de árbol anclado a la tierra y en conexión con el cielo, y esto se reflejará, a partir de hoy, en tu día a día. Te aportará más seguridad, estabilidad emocional y n mejor flujo intuitivo.

10 PLANETA MALKUT
Materialización

Para llevar a cabo la materialización en tu vida, puedes trabajar la focalización.

- **Céntrate en un objetivo o idea que quieres materializar. Escríbela aquí a modo de afirmación:**

Mi objetivo: _______________________________

____

Busca una posición cómoda y respira profundamente tres veces. Mantén los ojos cerrados y repite esta idea u objetivo como una afirmación veintiuna veces.

Seguidamente, escríbela en tu diario veintiuna veces: durante el tiempo que dure el ejercicio, experimenta todas las sensaciones que te acompañan hacia el resultado que buscas. La repetición es importante. Este proceso te lleva a sembrar una nueva idea en tu conciencia. Utilizar la palabra, la imagen y las sensaciones, genera la vibración necesaria para lograr la manifestación en el plano material.

1 ____
2 ____
3 ____
4 ____
5 ____
6 ____
7 ____
8 ____
9 ____
10 ____
11 ____
12 ____
13 ____
14 ____
15 ____
16 ____
17 ____
18 ____
19 ____
20 ____
21 ____

11 PLANETA DAAT
Conocimiento

Este planeta reúne la energía de los diez senderos anteriores. Trabaja el conocimiento espiritual.

- **Línea de tu vida:** la primera línea que tienes dibujada es la línea de vida hasta ahora. Coloca las experiencias que te han marcado, como, por ejemplo, algún momento de crisis, cambios importantes, personas conocidas, un trabajo nuevo o cambios en el trabajo, un viaje, valores que has cambiado...

Márcalo en la línea con un número (si te acuerdas de la fecha, apúntala) y debajo explica la situación y las emociones vividas.

____

Experiencia 1 _________________________________

____

____

____

____

Experiencia 2

____

____

____

____

____

Experiencia 3

____

____

____

____

____

Experiencia 4

____

____

____

____

____

Experiencia 5

____

____

____

____

____

Experiencia 6

Experiencia 7

Experiencia 8

Experiencia 9

Experiencia 10

____

____

____

____

____

Este es el punto medio, el punto donde ahora mismo estás tú. En este instante, observa las situaciones que te marcaron en tu vida.

La siguiente línea refleja la línea de tu vida que está por llegar. Apunta tus objetivos consecutivamente en el tiempo. Y analiza qué debes hacer para conseguirlos. Apúntalo seguidamente.

____

Objetivo 1

Objetivo 2

Objetivo 3

Objetivo 4

Objetivo 5

____

____

____

____

____

Este cuaderno refleja tu trabajo personal. Puedes volver a realizarlo cuando así lo sientas o hacer ejercicios concretos cada semana para seguir trabajando y potenciando las diferentes áreas de tu vida.

El estudio del "Árbol de la vida" que realizamos, puede ayudarte en este proceso de autoconocimiento. Encontrar pautas en tu inconsciente y conocer tu misión de Alma y propósito de vida. Es una herramienta que puede ampliar tu conciencia y el trabajo que has hecho con este cuaderno e, incluso reconocer qué sendero o planeta se te bloquea, dónde están tus potenciales y tus lecciones kármicas para llevar a cabo un trabajo de introspección mucho más profundo.

Para ello ponte en contacto con nosotras
a través de nuestra web:

www.biotikun.com.

¡Estaremos encantadas de encontrarnos en el camino!

Equipo BioTikún

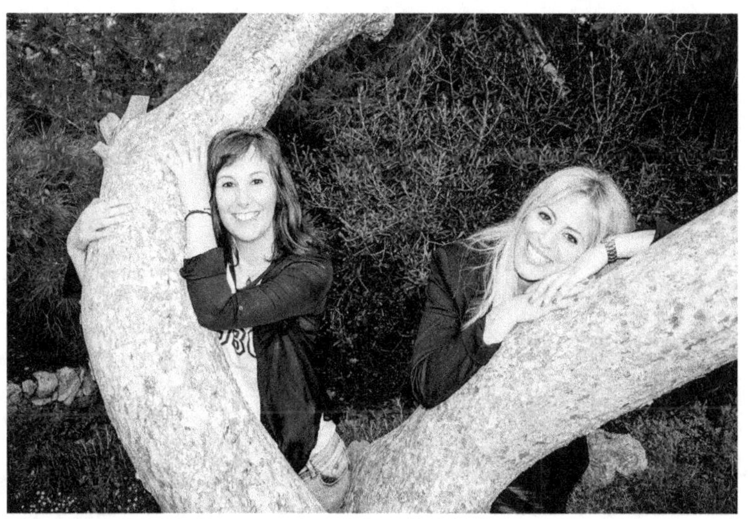

Laia y Reyes, conductoras de Felicidad real

ANEXO

Tabla cromática

Rojo	Positivo, con fuerza. Indica que la persona está activa. Pide trabajar los miedos, los límites y la ira.
Naranja	Alegre, optimista, confianza. Te pide trabajar la autoestima.
Amarillo	Te pide trabajar la ira, la envidia y los celos.
Verde	Equilibrado, paz interior. Te pide buscar la tranquilidad.
Azul	Tranquilo, calmado. Te pide trabajar el equilibrio emocional.
Violeta	Intuitivo, conexión espiritual. Te pide trabajar el miedo, la angustia y las fobias.
Blanco	Alegre. Te pide trabajar la inmadurez.
Negro	Negativo, deprimido, desmotivado. Te pide trabajar el dolor, la tristeza y la melancolía.
Gris	Indecisión. Te pide trabajar la tristeza o la depresión.

Tabla de emociones:

Aburrimiento	Sensación de fastidio provocada por la falta de diversión o de interés por algo
Aceptación	Consideración general de que algo o alguien son buenos o válidos.
Admiración	Valoración positiva hacia una persona, cosa o hacia ti mismo
Alegría	Sentimiento de placer producido por un suceso favorable.
Amor	Sentimiento de vivo afecto, efecto, intensa atracción emocional.
Asco	Sensación física de desagrado.
Celosía	Sentimiento de envidia.
Compasión	Sentimiento de tristeza que produce el ver padecer a alguien.
Confusión	Falta de orden o de claridad. Error o equivocación de entendimiento.
Culpa	Responsabilidad o causa de un suceso o acción.

Decepción	Pesar causado por un desengaño
Desánimo	Falta de ánimo, fuerza o energía para hacer, resolver o emprender algo.
Deseo	Interés o apetencia que una persona tiene por conseguir la posesión o realización de algo.
Euforia	Sensación exteriorizada de optimismo y bienestar.
Frustración	Imposibilidad de satisfacer una necesidad o un deseo.
Gratitud	Sentimiento de estima y reconocimiento hacia otra persona o acto realizado.
Hostilidad	Enemistad o rivalidad entre personas o situaciones
Ilusión	Esperanza, con o sin fundamento real, de lograr o de que suceda algo que se anhela o se persigue.
Incomprensión	Falta de comprensión.
Inseguridad	Falta de seguridad. Sentimiento de desamparo.
Ira	Sentimiento de enfado muy grande y violento.

Incomprensión	Falta de comprensión.
Inseguridad	Falta de seguridad. Sentimiento de desamparo.
Ira	Sentimiento de enfado muy grande y violento.
Melancolía	Estado anímico permanente, vago y sosegado de tristeza y desinterés.
Miedo	Sensación de angustia provocada por la presencia de un peligro real o imaginario.
Nostalgia	Sentimiento de pena por la lejanía, ausencia, la privación o la pérdida de alguien.
Odio	Sentimiento profundo e intenso de repulsa hacia alguien.
Orgullo	Exceso de estimación hacia uno mismo y a hacia los propios méritos. Sentimiento de satisfacción hacia algo propio o ajeno.
Placer	Satisfacción propia, sensación agradable.
Remordimiento	Sentimiento de culpabilidad que tiene una persona por algo que ha hecho y le intranquiliza.
Satisfacción	Sentimiento de bienestar o placer que se tiene cuando se ha colmado un deseo o cubierto una necesidad.

Serenidad	Estado tranquilo, relajado y reposado.
Soledad	Sentimiento de tristeza o melancolía que se tiene por la falta, ausencia o muerte de algo o alguien.
Timidez	Sensación de inseguridad o vergüenza en uno mismo que una persona siente ante situaciones sociales nuevas, dificultando la sociabilidad.
Tristeza	Sentimiento de dolor anímico producido por un suceso desfavorable que suele manifestarse con un estado de ánimo pesimista, con insatisfacción y tendencia al llanto.
Vergüenza	Sentimiento de pérdida de dignidad causando por una falta cometida o por una humillación o insulto recibido.

Tabla del niño interior:

	CABEZA	PIES Y MANOS	CUERPO - CORAZÓN
ROJO	Tu niño interior puede estar enojado, con falta de confianza, celoso o envidioso. Puedes padecer dolores de cabeza. Problemas con el sistema nervioso, problemas oculares u oídos.	Indica que tu niño interior está enojado con las cosas que ha intentado detener o manejar en su vida. La ira no le deja avanzar o puede ser un obstáculo. Le falta amor. Puedes padecer artritis o dolores musculares.	Tu niño interior está resentido con alguien de su pasado, está impaciente, con falta de confianza en sí mismo.
AMARILLO	Tiene comprensión, sabiduría e ideas lúcidas.	Indica un fuerte deseo de comprender las cosas y salir adelante.	Representa la habilidad, alegría o compresión con la que se realizan las tareas cotidianas.
VERDE	Representa la sanación y la creatividad. También perfeccionismo o fuertes ganas de sanar y capacidad de adaptación.	Tiene habilidades creativas. Capacidad de sanar con las manos.	Esperanza y fe.
AZUL	Intelecto muy elevado. Puede que tu niño interior sea frio, con necesidad de liberar patrones aprendidos.	De carácter muy detallista e incluso obsesivo con las cosas que hace, sabiendo ser flexible. Le puede costar avanzar en la vida y ver proyectos de futuro.	Puede haber vivido experiencias dolorosas que ha congelado para poder vivir. Muestra una distancia emocional con las cosas y las personas. Tímido.
ROSA	Lleno de ternura y comprensión. Se esfuerza siempre por comprender a los demás. Puede necesitar un proceso de transformación o pide amor.	El camino que quieres seguir está relacionado con el amor y el engrandecimiento de tu vida.	Calidez emocional. Puede significar que tiene mucho amor por las cosas o que necesita darse amor a sí mismo.
NEGRO	No tiene claro lo que quiere ni a dónde va. Muy crítico y juzga a los demás. Se deja a sí mismo de lado por atender otros asuntos.	Carácter pesimista. Necesita gozar de la vida. Debes hablar con tu niño interior y darle mucho cariño.	Tiene resentimiento, violencia o sentimientos de amargura. No se siente libre, está atrapado en situaciones que no le gustan. Soledad.
MARRON	Siente indiferencia. Desmotivado o desganado. Pensamientos de resistencia a crecer y evolucionar.	Le cuesta seguir adelante, puede tener miedo a la vida, a crecer, miedo a los cambios.	Tiene tendencia a ser depresivo y tener alteraciones en el sistema nervioso.
NARANJA	Tiene la necesidad de cambios, de transición, de cosas nuevas.	Gran anhelo de cambio o de estar en proceso de cambios.	Necesita mucho apoyo en sí mismo para conseguir lo que quiere.

Biometro de Bovis

La unidad Bovis indica la vitalidad de un lugar, objeto, alimento o salud de una persona.

Coloca el péndulo en la media circunferencia justo en el medio de la base de la tabla.

Deja la mente en blanco y pide al péndulo que mida la energía de lo que necesitas.

Si es una persona, di el nombre completo y la fecha de nacimiento.

Espera que el péndulo empiece a moverse y te señale la energía.

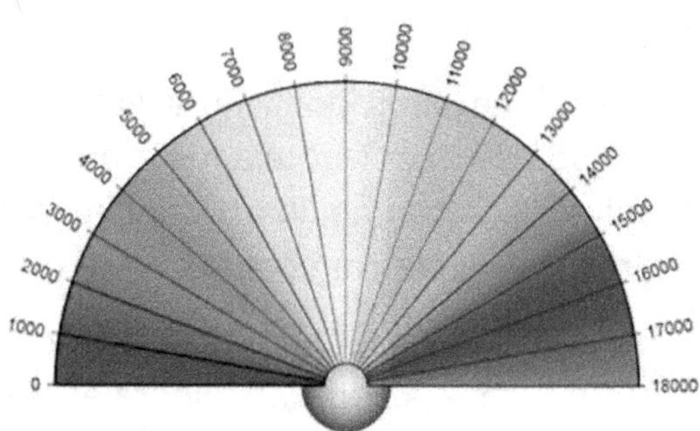

Chakras:

-PRIMER CHAKRA RAÍZ: es el chakra principal de tu cuerpo. Su energía actúa para conectar tu cuerpo físico con la tierra. Es el que te permite mantener el equilibrio. Este chakra marca cómo nos enraizamos a la tierra. Está asociado con la supervivencia y va muy relacionado a cómo manejas tu cuerpo. Es responsable de tu salud física. Trabaja para el buen funcionamiento de las piernas, pies, vejiga, riñón y la columna vertebral. Hace referencia al miedo e inseguridades.

Chakra raíz desequilibrado: inseguridad y agresividad. Carece de plano físico. No acepta las limitaciones para manifestarse en la materia. Puede causar fatiga, hemorroides, artritis, estreñimiento, dolor de espalda, problemas de peso. Produce cansancio, miedo a los cambios e inseguridad.

Chakra raíz equilibrado: alegría vital y sentido práctico. Capacidad de hacer frente a los problemas y manejar los conflictos con tranquilidad. Saberse mover por los asuntos terrenales. Está conectado con su plano físico.

Cómo equilibrar el chakra raíz: puedes hacer reiki directamente al chakra. Utilizar minerales de color rojo como jaspe rojo, granate, coral rojo, llevándolos cerca de tu cuerpo o poniéndolo sobre la zona. Abrazarse a un árbol para conectar a la tierra. Puedes realizar el siguiente mantra de afirmación: "mi cuerpo es importante para mí. Lo nutro constantemente".

-SEGUNDO CHAKRA SACRO: está asociado con las emociones, la sexualidad, la pasión, el placer y refleja un amor más físico. Es el encargado de producir alegría, ambición, amor por uno mismo y creatividad.

Chakra sacro desequilibrado: impulso sexual desequilibrado, celos y rabia. Puede causar muchos problemas físicos, urinarios, renales, dolor de espalda o problemas ginecológicos.

Chakra sacro equilibrado: transmite creatividad, confianza y buenas relaciones con los demás. Te da facilidad en dar y recibir amor, a no tener miedo y a comunicar tus necesidades.

Recomendación: utilizar un mineral, en este caso cuarzo citrino o cornalina. Puedes hacer reiki directamente en el chakra o realizar el mantra "VAM": primero recitas "ommmmmmmm" y, seguidamente, "vaaaaaammmmmm". Puedes realizar las siguientes afirmaciones: "ser quien soy es bastante bueno" y "soy digno del amor y del placer sexual".

-TERCER CHAKRA PLEXO SOLAR: está asociado con el poder personal, la fuerza de voluntad y el sentido de la transformación. Aquí se encuentra tu sentido de la autoridad, disciplina y autocontrol. Hace referencia al poder y a la energía. Conecta con la energía de tu ser. Hace referencia a la autoestima y al respeto a tu cuerpo.

Chakra desequilibrado: baja autoestima. Tristeza. Pereza.

Chakra equilibrado: fuerza y coraje.

Recomendación: utilizar un mineral, en este caso el cuarzo citrino o cornalina. Puedes hacer reiki directamente en el chakra o realizar este mantra VAM primero empezaremos con "ommmmmmmm" y seguiremos "vaaaaaammmmmm". Afirmación: "ser quien soy es bastante bueno" y "soy digno del amor y del placer sexual".

-CUARTO CHAKRA CORAZÓN: está asociado con el amor, compasión, empatía y perdón. Refleja cómo te quieres a ti mismo, al universo y la capacidad de dar amor y recibirlo.

Chakra corazón desequilibrado: miedo a la soledad, al compromiso, dependencia y melancolía.

Chakra equilibrado: amor incondicional y compasión.

Recomendación para equilibrarlo: puedes hacer reiki directamente en el chakra. Utilizar minerales de color rosa o verde, como el cuarzo rosa o la aventurina y puedes realizar los mantras: "acepto que el dolor es una parte esencial de mi crecimiento y desarrollo" y "estoy agradecido por todo el amor que hay en mi vida".

-QUINTO CHAKRA GARGANTA: está asociado con la comunicación, creatividad, honestidad, amabilidad, conocimiento y sabiduría que pueden expresarse desde este chakra. Es la voz interior.

Chakra garganta desequilibrado: miedo a expresar, falta de creatividad, enjuiciamiento.

Chakra garganta equilibrado: comunicación, creación, responsabilidad de la propia existencia.

Recomendación para equilibrar este chakra: puedes hacer reiki directamente en el chakra, utilizar minerales de color azul como el lapislázuli y también puedes realizar los mantras: "empiezo hablar por mí mismo" y "hablo siempre desde el corazón".

-SEXTO CHAKRA TERCER OJO: está asociado con la clarividencia, intuición, imaginación y percepción más allá del mundo físico.

Chakra tercer ojo desequilibrado: dificultad de aprendizaje, alucinaciones, trastornos mentales.

Chakra tercer ojo equilibrado: capacidad de discernimiento, sabiduría, intención, clarividencia e intuición.

Recomendación para equilibrar este chakra: puedes hacer reiki directamente en el chakra, utilizar un mineral de amatista o realizar los mantras: "me dejo guiar por mi intuición" y "estoy lleno de sabiduría".

-SÉPTIMO CHAKRA CORONA: está asociado con el conocimiento, la comprensión y todo lo que tenga que ver con la mente. Refleja la unión con el universo, voluntad e inspiración.

Chakra corona desequilibrado: agotamiento mental, irritación, depresión.

Chakra corona equilibrado: claridad mental, trascendencia, fe y la finalidad de expandir la conciencia.

Recomendación para equilibrar el chakra: puedes hacer reiki en el chakra directamente, utilizar un mineral de cuarzo blanco o cristal roca, o bien realizar las afirmaciones: "soy canal entre el cielo y la tierra" y "libero todos los pensamientos limitantes y me elevo a niveles cada vez más altos de conciencia".

Combinaciones de minerales:

• Para el bienestar: mezcla gemas de cuarzo rosa, amatista y cristal de roca. La energía de estos minerales trasmite al agua las características de vitalidad y salud, que naturalmente contiene el agua de manantial.

• Para oxigenar: mezcla gemas de calcedonia, ágata y ópalo. Ayuda a incrementar la oxigenación de las células y el suministro de nutrientes, acelerando así el desecho de desperdicios de nuestro cuerpo.

• Para el cuidado de la piel: mezcla gemas de amatista, aventurina y cuarzo rosa. Ayuda a que nuestra piel luzca bella, fresca y vitalizada.

• Para adelgazar y obtener vitalidad: mezcla gemas de jaspe rojo, magnesita y cristal de roca. Ayuda, junto con una alimentación balanceada y ejercicio, a prepararte para notar cambios en tu cuerpo.

• Para la sensualidad: mezcla gemas de granate y cristal de roca. Ayuda a abrir tus sentidos, esta combinación de piedras preciosas te ayudará también a descubrir tu sensualidad.

• Para la regeneración: mezcla gemas de esmeralda y cristal de roca. Ayuda a fortalecer tu sistema inmunológico.